ちくま新書

ルポ 脱法マルチ

小鍜冶孝志
Kokaji Takashi

1698

ルポ 脱法マルチ【目次】

はじめに

この辺でオススメのいい居酒屋知りませんか——。

自分が住む街で、不意にこう声をかけられたら、みなさんはどうしますか？

本書は毎日新聞の記者である私が、街中でこのように声をかけてきた三〇代の男性Nに応じて、連絡先を交換し、ついていってみた実体験を記しています。

Nとの交流を通じ、違法の疑いがあるマルチまがいの勧誘を行い「事業家集団」などと呼ばれている組織の存在が浮かび上がり、実態に迫っていきました。「友達作り」を称して、近づいてきたNと過ごした約三カ月のやり取りや、取材で判明した組織の勧誘方法や実態を、ルポとしてまとめました。

一九九三年三月生まれの私は、高校までの一八年間を岐阜県で過ごし、京都市で大学時代を送りました。大学卒業後の二〇一六年、毎日新聞に入社。全国紙の場合、入社後数年間は地方で勤務するのが一般的です。私も例外なく、岩手県に配属され、警察や行政取材など取材の基礎を学びました。

五年目の二七歳になった二〇二〇年四月、内示で東京本社での勤務が決まりました。地方生まれ・地方育ちの私は、東京に縁もゆかりもありません。高校時代に修学旅行で訪れた程度です。煩雑な地下鉄にはいつまでたっても慣れず、人の往来に常に目が回りました。街中を歩いても、そびえ立つ高層ビル群に、ただただ圧倒されました。

私は自他共に認める生粋《きっすい》のミーハーです。テレビや、SNSでしか見たことがなかった東京での新生活に心を躍らせました。情報番組をチェックしては、休日の予定を考えました。都内で初めて入った飲食店で、有名な某お笑い芸人に遭遇したときには、すぐに地元の友人にSNSで連絡しました。

しかし、憧れの東京での新生活は、瞬く間に頓挫《とんざ》することになります。新型コロナウイルス感染症の「第一波」が、ちょうど全国的に猛威を振るい始めていたからです。

同年の一月に国内で日本人の感染が初確認され、瞬く間に各地でクラスター（集団感染）が発生しました。政府は新型インフルエンザ等対策特別措置法を三月に改正。当時の安倍晋三首相は四月七日、国内初となる緊急事態宣言を発令しました。東京、埼玉、千葉、神奈川、大阪、兵庫、福岡の七都府県が対象になり、移動や食事など、人々の行動が制限されました。

私自身も、公私ともに新型コロナの影響を大きく受けることになります。対面で取材する機会が減少し、取材先との関係を深めることに苦慮しました。在宅勤務が増え、同じ部署にいるのに、顔さえ知らない同僚もいました。異動してきたばかりなのに、気楽に相談できる同僚がおらず、心細さを痛感しました。

都内や関東周辺にいる地元や学生時代からの友人・知人と再会する機会も失われました。当時は、東京から地方に帰省した人間が、クラスターの発生を招いてしまった報道も多くありました。新型コロナワクチンの接種を終えるまでは、旅行だけでなく、帰省も断念しました。

仕事以外では、一年間都内から一歩も出ませんでした。誰にも会えず、新しい出会いもまったくない。在宅勤務で一日過ごし、誰とも会話しない、という日もありました。せっかく東京に来たのに……。当時は、そんな気持ちでいっぱいでした。

そんな鬱憤がたまったある日の夕暮れ、初めて彼らと遭遇しました。在宅勤務を終え、日用品を買うため商店街を歩いていると「居酒屋知りませんか」と、同年代の男性二人組から声をかけられたのです。二人は私に質問を続け、年齢や出身地、職業など根掘り葉掘り聞いてきました。

東京に来てから、ここまで誰かとフランクに会話したのは、初めてだったかもしれません。同年代との会話もうれしく思いました。ただ、うまく言葉に表現できないのですが、彼らの言動の節々から強い「違和感」を感じ取りました。

大げさに高笑いするが、目は一切笑っていません。こちらの回答には興味を示さず、テンプレートのように質問を繰り返してきました。五分ほど立ち話を続け、彼らは連絡先を尋ねてきました。抵抗を感じ、急いでいるという理由から、その申し出を断りました。

彼らとの遭遇は、これだけでは終わりません。都内の各所で、同様の声かけをする人間を目撃しました。私自身も複数回、その後も声をかけられました。聞かれることはまったく一緒で、最後に連絡先を尋ねてくる。尾行してみると、飲食店に入ることなく、街中でひたすら連絡先を交換する姿を何度も確認しました。

彼ら・彼女らの目的は一体何なのか。真意を確かめるため、実際についていくのが一番手っ取り早いと考え、潜入取材を実施することを決断しました。

取材は二〇二一年春から本格的にスタートしましたが、複数の偶然が重なりました。同時期に現在所属している「くらし医療部」に異動しましたが、当初、私は記者クラブに所属しない「遊軍」と呼ばれるポジションに配置されました。

同部は名前の通り、人々の生活に関わる幅広いテーマを取り上げます。原則遊軍には、決められた仕事がありません。自分でテーマを決め、自分で予定を埋めていくスタイルです。異動したばかりの私は、いわば「暇人」でした。もしかしたら記事になるかもしれない。そんな軽い気持ちで、取材は始まったのです。

消費者庁の取材を任されたことも一つのきっかけです。同庁は、マルチ商法や預託商法などの消費者問題を扱います。集団の目的はこの時点で不明でしたが、こじつけで消費者問題につなげられるかもしれない、と思いました。取材用のラインのアカウントを作成したわずか二日後の同年四月一〇日、Nとの接触が始まりました。

このように安直な気持ちでスタートした取材でしたが、徐々に取り憑かれたように取材に夢中になっていきます。NやNの紹介で出会った同年代の若者たちの不気味さに引き込まれました。

全員があだ名で呼び合い、素性は一切分からない。具体的な説明は一切ないのに、「夢」や「仲間」といった言葉を恥ずかしげもなく連呼する。顔の見えない彼らの正体をつかむために、気づけば、私自身も毒されていました。

仕事終わりや休日を利用しては、都内各所に出向き、声かけをしている集団を観察しました。あるときは一日八時間ぐらい、彼らを尾行することもありました。集団は主に、一人で歩いている若者をターゲットに声かけをしていました。

少しでも孤独感を演出するため、私も髪と髭《ひげ》を半年間無造作に伸ばし、体重も五キロ程度増やしました。目の前で屈託なく笑う自分と同じ世代の若者が、なぜ怪しげな行為に手を染めているのか。その背景を知りたいと思いました。

使命感に似た気持ちも芽生え始めます。取材を通じて知り合った組織の被害者や、家族・友人の声にも背中を押されました。

ある男性は親友が組織の構成員でした。男性は離反するよう何度も説得を試みますが、組織はマインドコントロールを体系的に行っています。カルト集団と言っても過言ではないでしょう。親友は男性の言葉に耳を貸さず、現在も組織に所属しています。男性は「二度と親友に会うことはないかもしれない。説得を諦めた部分もある。少しでも役に立つのなら」と貴重な情報を寄せてくれました。

息子が組織の構成員になったある母親は「組織のせいで、息子は人が変わってしまった。昔の息子を取り戻したい」と悲痛な声で訴えました。構成員の多くは被害者感情がなく、問題が表面化しづらい側面があります。家族の説得も本人には届かず、金銭を組織に献上しています。構成員の家族も被害者の一員であることを思い知らされ、取材する原動力になりました。

二二年の七月八日には、奈良市内で街頭演説中だった安倍元首相が銃撃され、死亡するショッキングな事件が起きました。事件の全容はいまだ判明していません。

逮捕された山上徹也容疑者は、母親が世界平和統一家庭連合（旧統一教会）にのめり込んで破産、家庭崩壊し「安倍氏が国内で広めたと思い恨んでいた」と供述しているとの報道がされています。山上容疑者の暴力に訴える行動は一切擁護できません。

ただ、事件の報道を聞いたとき、組織に子どもが加入している親たちの言葉が思い返されました。問題を同一に扱うことはできませんが、どこか似た構図があると感じ、むなしく悲しい気持ちになりました。

本書は毎日新聞の一月二四日朝刊掲載の「孤独つけ込む「マルチ」　コロナ下、若者狙い街に網」（東京本社版）と、一月から三月まで全一三回にわたり、ウェブ限定で連載した「ついていったらマルチ」をもとに、加筆・修正したものになっています。

報道後は想像以上の反響があり、情報提供が相次ぎました。その中には「報道がきっかけで、組織を離反した」という内容のものもありました。

本書でも触れていますが、マルチ商法自体は違法ではありません。ただ、消費者を守る「特定商取引法」で、マルチ商法は「連鎖販売取引」として規制対象とされており、禁止行為が定められています。

組織は行政当局からの指摘を免れるため、非常に複雑な構成で成り立っており、あくまで「マルチ商法ではない」という立場を貫いています。消費者問題に詳しい専門家は「非常に巧妙で、悪質な手口だ」と指摘しています。

組織はマルチ商法ではないという立場から、目的を隠したブラインド勧誘など違法の疑いがある勧誘を「堂々」と行っているのです。またシェアハウスで生活させるなどマインドコントロールで構成員の判断能力を奪ったり、組織に批判的な人間に対し、ネット上で執拗に攻撃を行ったりする部隊も存在します。

新型コロナ感染症の流行が長期化し、社会全体に不満や閉塞感が蔓延しています。孤独・孤立の問題もより一層、深刻化しています。

国は二二年四月、孤独・孤立の問題について、初の実態調査結果を公表しました。調査によると、四・五パーセントの人がしばしば・常に孤独感を抱えているとの結果で、年代別では三〇代が七・九パーセント、二〇代が七・七パーセントと高く、多くの若者が孤独感を覚えていることが明らかになりました。コロナ禍で、直接人と会ってコミュニケーションを取ることが「減った」と回答したのは、六七・六パーセントにも上りました。

毎日新聞などの報道で、一時期と比較すると、都内で怪しげな声かけをしている姿は減少したように思います。しかし、組織は存続しており、マッチングアプリを利用し、関係を築いた上で、勧誘活動を行っているという話も聞きます。今も手を替え品を替え、孤独に陥りやすい若者が狙われているのです。

この問題は決して、SNSやテレビ、新聞上で展開されている話ではありません。皆さんの身近で、起きている問題なのです。

組織の構成員は、最盛期には六〇〇〇人以上いたとされます。人数自体は減っているもの の、あなたの街にも潜んでいるかもしれません。これ以上被害者が出ないよう注意喚起ができれば、という思いから、本書の執筆に当たりました。

組織の手口を知るある関係者は、毎日新聞の取材にこう証言しました。

「組織の実態はマルチなんだけど、法的にはマルチじゃない。考え抜かれた最強のマルチだ」

第一章

ついていったらマルチ

†いい居酒屋知らない?

二〇二一年五月二日午後一時五〇分ごろ、東京都杉並区のJR高円寺駅前。雑踏の中、ラフな服装をした二〇〜三〇代の男二人が、南口のアーケード街入り口にいた。

懸命に周囲に目を配り、行き交う人をチェックする。まるで品定めをするかのようだ。買い物袋を抱えた若い男性が現れると、二人は目配せし、男性に親しげに話しかけた。

「近くでいい居酒屋知らない?」

突然知らない男に声をかけられたことに一瞬、驚いた表情を見せながら、男性はイヤホンを外した。二人の話を聞き、親切に店を指さした。二人は年齢や職業、出身地など、矢継ぎ早に男性に質問を続ける。どうやら会話が弾んだようだ。

「いい店教えてもらったわ。ありがとう。今度飲みに行こう」

別れ際、男の一人がスマートフォンを出すと、男性は快く連絡先の交換に応じた。男性が会釈をしてその場を立ち去ると、二人は男性が紹介した店には目もくれず、再び一人で歩く若者を見つけては「いい居酒屋知らない?」と声をかけ続けた。

この二人とは別に、近くで同じような声かけをする男が三人いた。五人は知人とみられ、一時間に一度、北口の広場に集合していた。談笑しながらジャンケンし、ペアを交代した。その後もＪＲ高円寺駅の改札前、アーケード街、周辺の路上などでひたすら声かけを続けた。

途中、三人が先に離れ、最後まで残った二人も結局、居酒屋に入ることなく、午後八時すぎ、ＪＲ中央線で高円寺をあとにした。この日は約七時間、記者が確認できただけで五〇人に声をかけた。

JR 高円寺駅周辺に集まる組織の人間。別々に街中で勧誘し、１時間に１回集合していた（毎日新聞社提供）

記者は二〇年四月、二七歳のときに初任地の岩手から、東京に赴任した。街中でたびたび、「いい居酒屋知らない？」と声をかける姿を目撃した。ＳＮＳ（ネット交流サービス）でも「「いい居酒屋知らない？」と声をかけられた。何者？」などと話題になっており、記者も三回、声をかけられた。

声かけをしているのは主に二人組で、居酒屋の場所を聞くと同時に、年齢や職業、出身地など個人情報を尋ねてくるという共通点があった。愛想笑いを浮かべながらも、ずけずけと話しかけてくる二人組に対し、不快感と同時に、「何が目的なのか」と興味を抱くようになった。

仕事の合間や休日を使い、二一年二月末から、東京都内で声かけをする集団を探すようになった。ツイッターを活用し、目撃情報を見つけると、現地で観察してみた。

記者が取材を開始してから同年八月にかけて、新宿、渋谷、東京など都内の主要駅で、少なくとも九〇人が同様の声かけをするのを確認した。一〇人以上が集まったあと、二～三人組に分かれて声かけをしたり、隣の駅で声かけをしていたとみられる仲間と電車内で合流したりすることもあった。同一人物が一週間後、別の駅で声かけをしているのも目撃した。

居酒屋を尋ねるが、決して店には入らず、同じ場所をうろうろして、結局帰宅することは共通していた。いい居酒屋を探していたはずなのに、声かけの直後、電車に乗って数駅離れた大手チェーン店で牛丼を食べる人もいた。

この集団の行動は謎だらけだった。しかし、一連の不自然な行動は、声をかけて若者と連絡先を交換するのが目的であることは明らかだった。

†Nとの出会い

この集団は、一体何者なのか。危険なたくらみをしているのではないか。

JR渋谷駅周辺での勧誘の風景。都内のあらゆる主要駅で勧誘が確認できた（毎日新聞社提供）

集団を観察するのと同時進行で、接触も試みていた。取材用にSNSのアカウントを準備したわずか二日後の四月一〇日、仕事帰りに「いい居酒屋知らない？」と二人組から声をかけられた。

三〇代男性のNとの出会いだった。誘いに応じ、Nらを近くの居酒屋まで案内した。

話しかけてくるのはNだけで、もう一人はただ愛想笑いを浮かべ、うしろをついてくるだけだった。ポケットに隠し持っていたICレコーダーを回しながら、Nの質問に端的に答えた。

Nは職業や年齢、出身地などを次々と聞いてくる。うそをつくのも気が引けた。年齢、岩手から赴任してきたばかりであることや、岐阜出身で、東京にゆかりがないことなどは正直に応えた。職業は適当にごまかした。

店の近くに着くと、Nは「店がいろいろあるから、ここら辺に住んでいる人なら、いい店知っていると思って。今度飲み誘うわ。LINE教えて?」とスマートフォンを向けてきた。取材用に準備したLINEのアカウントで、Nと連絡先を交換した。

Nのアカウント名はあだ名だった。Nはあだ名の由来を説明し、深い意味はないと鼻で笑った。Nは「また連絡します。(店を紹介してくれて)助かりました。どうもどうも」と陽気にその場をあとにした。後ろ姿を確認すると、Nらは店に入ることなく、再び街中に消えていった。

連絡先を交換した翌日、Nから早速、高田馬場駅近くの貸会議室での飲み会に誘われた。

「コロナ禍で飲む機会がなくて寂しいよな。俺は顔が広い。仲間呼んであるから」

二〇～三〇代の男女一〇人が集まっていた。会社員もいれば、学生もおり対象はさまざまだった。

Nを含め、全員があだ名で呼び合っていた。あだ名は食べ物や好きなアニメなど、本人の名前とは、まったく関係のないものから付けているようだ。

カードゲームをしたり、たわいのない話をしたりして、約三時間過ごしたが、楽しい飲み会だった。本当に、ただの友達作りなのかもしれない。疑ったことが申し訳なく、取材のつもりだったことを謝ろうと思った。

帰り道、Nから「今の仕事にやりがいを感じているか」「生活に満足しているか」と尋ねられた。「まあ、心から満足しているとは言えないですかね……」と言葉を濁《にご》した。

Nは東京都内の企業に就職したが、目標を見つけて会社を辞め、新たなことに挑戦しているという。しかし具体的な説明は一切ない。目標も何か不明だ。

Nは一方的に話を続け「とにかく会社を辞めた。だらだらいきそうだったから。(今後)三五年同じ仕事って考えると、違うなってなった。辞めるのが目的だったら、辞められない。辞めたとしてどうなのか、どうしていきたいかが大事だ」と言い切った。

別れ際、JR高田馬場駅の改札前で、Nはバッグから不意に一冊の本を差し出した。

「この本、すごい有名でさ。ぜひ読んで、感想聞かせてよ」。『金持ち父さん貧乏父さん アメリカの金持ちが教えてくれるお金の哲学』（筑摩書房）をネット検索すると、「マルチ商法で勧誘者がよく使う」との注意喚起が目に付いた。身分を明かすのは、もう少し様子をみてからにすることにした。

✝不労所得を得るゲーム

高田馬場駅近くの貸会議室での飲み会から一週間後の四月一八日。

Nから、今度はフットサルに誘われた。記者も右足で一ゴールを決めると、参加者とハイタッチで喜びを分かち合った。ごく普通のサークル活動にしかみえない。ただ、二〇人以上が集まったこの日も、全員があだ名で呼び合い、誰一人として素性は分からなかった。

フットサルのあと、Nの大学の同級生という男性、Sを紹介された。Sは才能があり、「今年中に店舗を経営する」という。先週渡された本の感想を求められ、「興味深かった」と伝えると、Nはうれしそうにこう言った。

「Sには、お世話になっている女性の「師匠」がいて、一緒に活動している。これからはSにいろいろ相談したらいいよ」

後日、Nに誘われ、指定された新宿の貸会議室を訪れると、Nを含めてほかに五人がいた。Nの仲間と見られる男女二人も、それぞれ一人ずつ二〇代前半と見られる男女を連れてきていた。

どうやって彼らと知り合い、この場に誘われたのか。連れてこられた二人に問いただしたかったが、会話の主導権は終始Nらのペースで進み、質問する隙も与えられなかった。

机の上には、見慣れないものが広げてある。働かないで金を稼ぐ「不労所得」を得る方法を学ぶというボードゲームだった。

キャッシュフローが学べるボードゲームを異様なハイテンションで楽しんだ（毎日新聞社提供）

このゲームは、「金融や財務といった経営に必要な知識を、楽しみながら学ぶことができる」と説明を受けた。働いても働いても苦しい生活から抜け出せない「ラットレース」を抜けだし、「南の島で生活」「カンヌ映画祭でスターのパーティーに同席」など、夢をかなえるのがゴールだという。聞いたこともないゲームだと記者が驚くと、Nは「なかなか手に入らないからね」と得意げな笑顔だ。

「不労所得を得る」というゲームの趣旨がよく理解できず、やみくもに株や不動産への投資を繰り返したものの、なかなか資産が増えない。すると、他の参加者がアドバイスや、投資の援助をしてくれた。なんとか「海洋哺乳動物を救う」という夢を達成すると、全員がハイテンションで、記者にハイタッチを求めてきた。

ゲームの感想を語り合うと、Nとその仲間とみられる二人が、示し合わせたように繰り返した。

「現実でも、不労所得で生活できたらいいよね」

「でも、そんなにうまくいかないよ」

「ゲームのように、一緒にがんばることができる仲間、手助けしてくれる仲間、導いてくれる「この道の成功者」がいればできるよ」

記者ら三人に言い聞かせるようだった。

ゲームが終了すると、紹介者と、それぞれ連れてこられた人間が二人ペアで帰宅する流れになった。他の人間と会話する機会は結局、まったく与えられなかった。

午後一〇時を過ぎていたが、Nと二人でJR新宿駅まで向かった。Nはひたすらゲームの感想を尋ねてくる。「面白かったが、頭を使うゲームだった」と素直に感想を伝えた。

Nとの会話を振り返ると、Nが八割一方的に話し、記者が二割で返すやりとりだった。

この日も別れ際、NはJR新宿駅の東南改札口前で立ち止まり、二〇分近く熱弁を始めた。

「実践しないことには、現実世界では、簡単にラットレースを抜けれない。リアルとなると話が別だ」

「自分は現実でラットレースを抜けている人とのコネクションができた。リアルで抜けている人が（近くに）いるので、イメージがより具体的に湧くし、無関係な話ではないし、ワンチャン可能性はあるなって思えたのが良かった」

「気分だけではラットレースは抜けれない。しかるべきプロセスがあるし、頭使うし、やったことないことをいっぱいやる」

「リアルの世界でも抜けた先の目標が必要で、モチベーションになる。目標があれば、始めたことを抜けるまで継続する原動力になる」

「会社で課されたノルマでなく、何のために頑張るのか。自分の中で、豊かになるとはどういう意味か考える必要がある」

「俺は四五歳になっても、革ジャンを着て、ハーレーダビッドソンが似合う男になりたい。

そこそこ稼がないといけないし、遊び心や心の余裕がいる。人間的にも、魅力的な男でないと似合わない。ただのサラリーマンでは、板に付かないと思っている」

……と堰《せき》を切ったように語り続けた。ただ、失礼ながら、あまりに会話に具体性や中身がなく、内容が頭に入ってこない。相づちを打つので、精いっぱいだった。

†願望マップをつくる

Nからは週に二、三回連絡があった。飲み会、フットサル、バーベキュー……毎週、何かしらのイベントに誘われた。参加したイベントで出会った人たちにそれとなく聞いてみると、「若者」である以外に、職業、出身地、学歴などの共通点はなかった。

「どうして、こんなにたくさんの人を集められるのか」とNに尋ねた。Nは一瞬考えたあと、「俺は顔が広いから」「東京なんてこんなもん。これまでに関係がない人とも、すぐに横のつながりができる」と誇らしげに話した。

実は、記者はイベントでNから紹介された人間の何人かを知っていた。街中で「いい居酒屋知らない？」と声をかける姿を、何度も目撃していたからだ。

不労所得ゲームの会場にいたNと仲間と見られる男の一人も、「初めまして」と貸会議

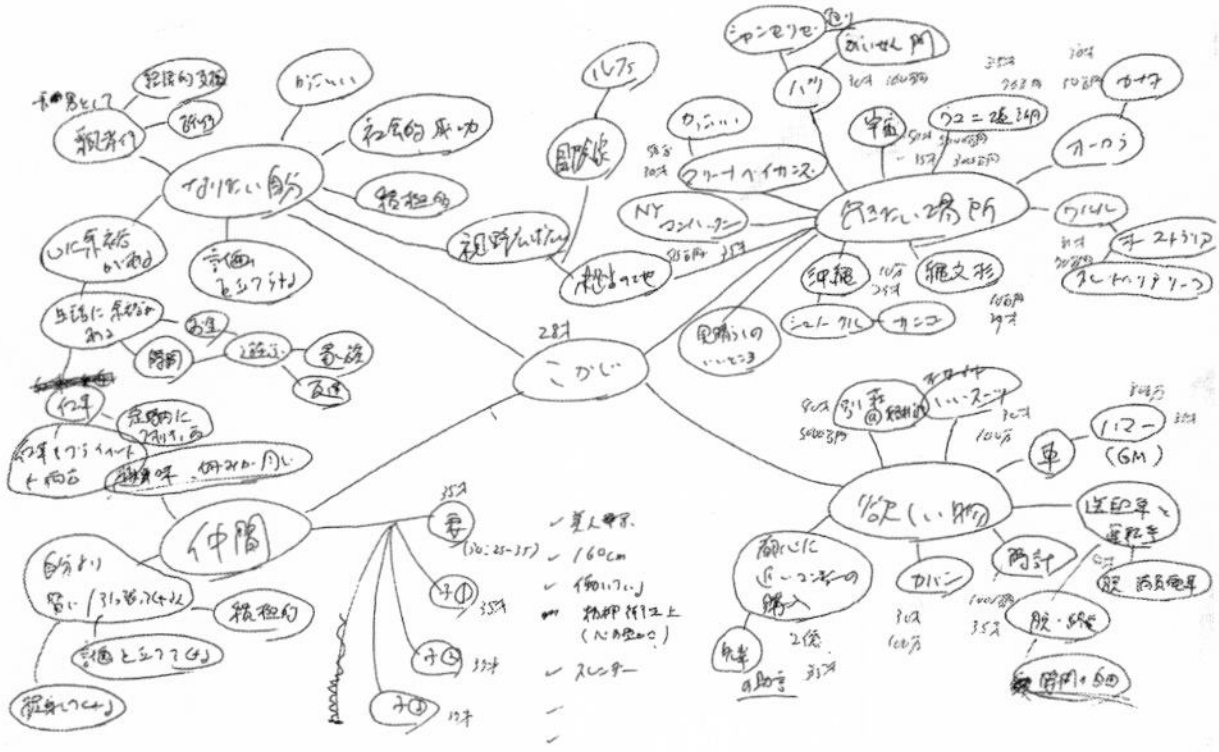

筆者による願望マップ。「こかじ」を中央にして、左上に「なりたい自分」、右上に「行きたい場所」、右下に「欲しい物」、左下に「仲間」と線がつながる（毎日新聞社提供）

室で挨拶を交わした約一カ月前に遭遇していた。街中で複数人と一緒に行動し、居酒屋を尋ねる姿を目撃していたからだった。

Nと新宿駅近くの喫茶店で、将来設計に向けた「願望マップ」を作ったのは、二〇二一年五月末だった。Nは具体的な目標を細かく設定する重要性を説き、「なりたい自分」「行きたい場所」「欲しい物」について、「何歳までに、どうなりたいか」を聞いてきた。

「思いついたものをどんどん言って。何でもいいから」とNから促された。すぐには思いつかず、インスタグラムでよく目にする「リア充」投稿をイメージし、

「軽井沢の別荘」「宇宙旅行」とでたらめを言い連《つら》ねた。ただ、高級外車の「ハマー」は本当に欲しかった。Nはうなずきながら書き込み、A４用紙は記者の「願望」でいっぱいになった。Nによると、これをかなえるためには、三〇歳までに年収二〇〇〇万円が必要という。

「みんな目標を具体的にしないから、何とかなると思っている。普通の生活をしていたら無理」

「目標が具体的なら、そのために動けるよね？　ラットレースのイメージと願望マップの計画が、ちゃんとしている人は早めに動いている。逆に今しかないって感じ」

「俺は動き方が分からなかったから、Ｓに聞いている」

「二年後に年収二〇〇〇万円、七年後に年収一億円だ。今の仕事で実現可能か」

Nは記者の目をじっと見据え、迫った。言うまでもなく、それは不可能な額だった。ではどうすればいいかと質問すると、Nは前のめりになり、「Ｓに相談しよう」と持ちかけてきた。

Nは「次の予定がある」と慌ただしく立ち去る直前、Ｓに会うまでにこの本を読むようにと手渡した。前回渡された「金持ち父さん貧乏父さん」のシリーズで、『金持ち父さんのキャッシュフロー・クワドラント』（筑摩書房）だった。「今日は何なら、この本を貸すために来ているからね。本を読んで、Sと今度ゆっくり話そう」と笑顔を見せた。

Nにもらった本で紹介されていたのは、「ＥＳＢＩ」という概念だ。世の中にある収入を得る方法を「Employee（従業員）」「Self employee（自営業）」「Business owner（ビジネスオーナー）」「Investor（投資家）」の四つの働き方に分類する考え方だ。

その日の夜、Nから電話があり、「願望マップ」を作った感想を聞かれた。

「斬新だった」

記者は自分でも「こんなありきたりな回答では……」と思ったものの、Nは「俺も初めて書いたとき、自分のリアルを知ることができた。一回きりの人生、二〇代後半だからこそ、理想を描いて、それに向けて一生懸命に動ける。それで実現したら最高だと思う」と熱弁を振るった。

Sがどんな店を経営する予定なのか、聞いてみた。Nは「なんて言ったらいいか……。それも含めて「ＥＳＢＩ」を知っておいたほうがいい。何をやっているのか説明しにくい部分を説明してくれるのが「ＥＳＢＩ」。例えば、ひと言で医療系といっても、病院の勤務医、開業医、医療のシステムを構築している人間がいる。自分が「ＥＳＢＩ」のどういう立ち位置で、店に関わっていくかが大事だ」という。

「この前キャッシュフローゲームをやったと思うけど、あれをリアルでやって、今年会社作るのがS。俺は（Sから）聞いた話をそのまま（記者に）しているだけだから。自分でも考えて動くことを、多少はしているけど、実際に会社作るのはSだよ。Sから話を聞けば、よりイメージが湧くと思う。Sがセレクトショップを作るという話も出ているが、（NとSが）経営教えてもらっている人も変わったことはしていない。普通のことをやっている。そこの所を知るためにも、ESBIを知っておいたほうがいいので、本を読んどいて」と続けた。

簡単な質問だったはずだが、答えになっていない。理解に苦しみながら、一言一句をメモした。

†ビジネスオーナーになる

「願望マップ」を作ると、Nは、記者に起業を持ちかけるようになった。

数日後、高田馬場駅近くの喫茶店に誘われた。才能があり、「今年中に店舗を経営すると」というSから、若くして年収二〇〇〇万円を実現するために必要なことを学べるという。「願望マップ」を持ってくるように、何度も念を押された。

記者の「願望マップ」についてSは、「従業員、自営業では実現できない」と言い切った。「投資家を目指すのもいいけど、元手が最低一〇〇〇万円必要だ。今貯金は一〇〇〇万円あるの?」と切り捨てた。

Sは残りの一つ、ビジネスオーナーの魅力を説いた。自営業は自らも働かなければいけないが、ビジネスオーナーは自分が店にいなくても利益が得られると強調した。「ビジネスオーナーなら、年収二〇〇〇万円どころか、五〇〇〇万円、一億円の人もざらにいる」ビジネスオーナーになるためには、ブランドや経営のノウハウを提供してロイヤルティー(対価)を得る「フランチャイズ」に似た仕組みを生み出すことが重要だという。「一人では難しい。徒党、チーム、仲間を組むことだ」と目を見据えた。

Sによると、「経営にはキャッシュフロー管理が重要だ」という。それを踏まえて、成功するためには、先行投資が必要だと諭す。「経営は先払い。リスクを取った分しか回収できない。(ソフトバンクグループの)孫(正義会長兼)社長を見れば分かるでしょう」と断言した。孫さんの経営手法を間近で見てきたかのようだった。

喫茶店に入ってから、一時間が過ぎていた。別れ際、Sは「一緒に夢を目指す仲間がいれば何でもできるよ。自分には、お世話になっている人という指針があり、航路があった。そういう人をまねることから始めてみたら」と問いかけてきた。

「「人と違う人生を送りたい」って、本心は曲げたくないじゃん。「かっこよく生きたい」という気持ちは変えられない。君がビジネスオーナーを目指すなら、いつでも（人を）紹介できるよ」と笑顔を見せた。

「それはその通りかもしれない」

一瞬だが、引き込まれそうになった。

†熱めの飲み会

Nは会うたびに必ず、その日のうちに感想を尋ねてきた。同時に、次に会う約束を取り付けようとした。ただ、何度会っても人間性は見えなかった。

記者の雑談には乗らず、いつもスマートフォンで誰かからの連絡を気にしている。時間に追われているようで、「次の予定がある」と慌ただしく立ち去る。理由を聞いてもはぐらかされ、「睡眠時間は毎日数時間。成功するためにはこれぐらいのハードワークは当たり前だ」と繰り返した。

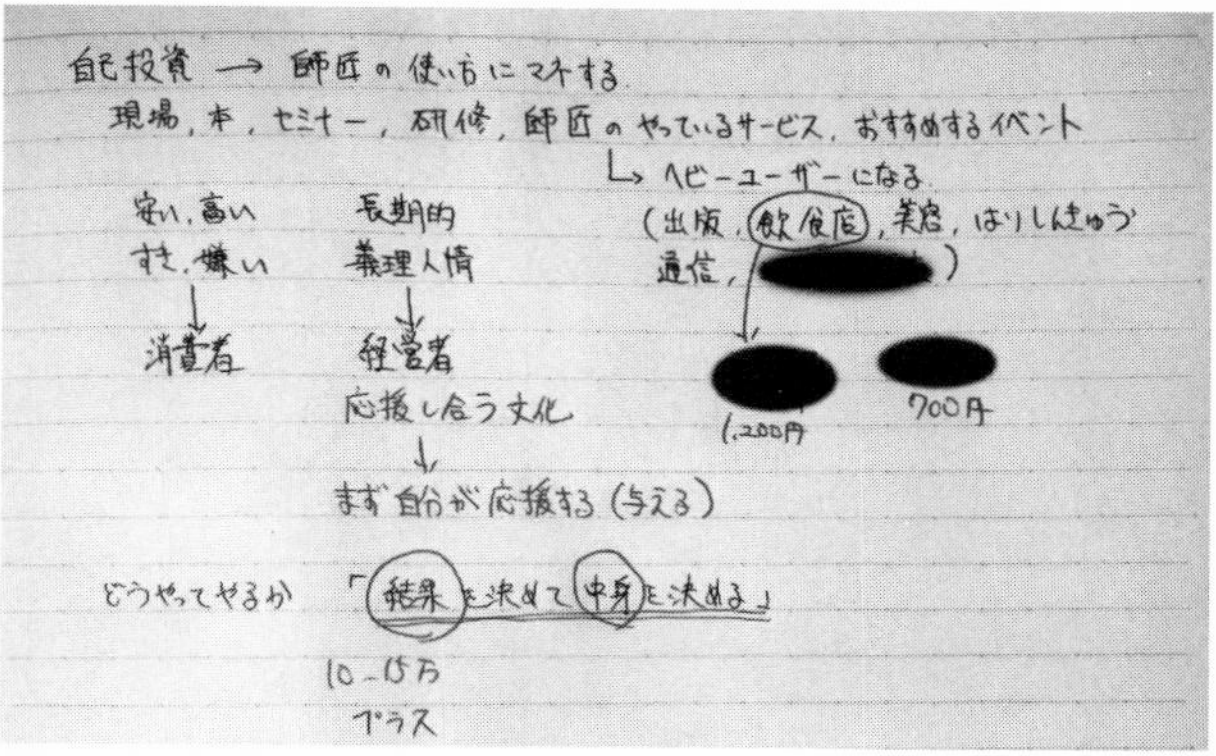

構成員による組織の勉強会の内容のメモを複写したもの

連絡先を交換してから二カ月がたった二〇二一年六月四日、いつものようにNからイベントに誘われた。指定されたのは、新宿の貸会議室。ビルの前に着くと、すでにNが待っていた。

エレベーターのボタンを押しながらNが言った。

「今日はだいぶ熱めの飲み会。いろいろ立ち上げてやっている人や、これからがんばろうとしている人たちが集まっている。いろんな人紹介するから」

いつもの愛想笑いは影を潜めていた。

部屋の中は大音量で洋楽が流れ、若い男女約五〇人があちこちで談笑していた。中央のテーブルに、オードブルの食事が並んでいる。

ほどよくエアコンが利いていたが、室内を占める人の熱気で、じわりと汗がにじみ出た。「密」が気になり、なるべくマスクを外さないように心掛けた。

参加費として二〇〇〇円を払うと、Nが紙コップにビールをついでくれ、乾杯した。Nに連れられ、ビジネスオーナーを目指して活動しているという参加者に一人一人、あいさつに回った。

参加者は二〇代が中心だった。

「会社員としてお金を稼ぐ世界と、もっとお金を稼いで、時間もあって、やりたいことも何でもできて、家族も養えて、親にも恩返しできる。どっちが楽しい?」

「フィリピンやインドネシアといった発展途上国を見てきた。恵まれない子どもたちがいっぱいいいた。日本で餓死することはない。こんなにいい環境にいるのにチャレンジしないのはもったいない」

「会社員を続けていたら、三〇~四〇歳のときに自分の希望しない部署にも飛ばされる可能性がある。そんなのは嫌じゃない?」

「自分は会社員だったが、三年で会社員を辞めた。なぜなら、一〇年目の先輩を見て、こうなりたいかと思ったら、絶対に嫌だと思ったからだ。一〇〇〇万円稼いでいる人もいたが、家に帰る時間がない人もいた。お金も稼げて、プライベートも遊べる人間になりたい」

「どのタイミングでも、どのときでも今が一番楽しいと言える自分でありたい」

と自らの夢や目標を恥じらいもせずに語った。しかし実現に向けてどんな活動をしているのかは、誰も具体的に話さない。

熱めの飲み会の様子（毎日新聞社提供）

NやSがお世話になっているという女性の師匠の話題も一部で出た。どうやら、この会場に来ているNの仲間は全員同じグループに所属し、女性のお世話になっているようだ。

「自分がお世話になっている師匠は、会社の人たちと全然違う。何言っても否定しないし、どんな夢を語っても、馬鹿にしないでくれる。こういうつながりを持てて、めちゃくちゃいいなって思った」

「今は自分が資本になるように頑張っている。Sもそうだが、師匠もいろんな事業をやっている。鍛えてきたからこそ、師匠はどんな事業をやってもモノになっている。何でもできるスーパーマンみたい。SDGs（持続可能な開発目標）にも携わっていて、国連と一緒に仕事もしたりしている。いろんな仕事をやりながら稼いで、いろんな人とつながって、自分が実現できないビジョンがないなって感じた」

会場内では終始、記者と同じように誘われてきたとみられる若者が、至るところで「貴重な話を拝聴させていただく」という雰囲気を醸し出しており、新興宗教の集まりのような印象を覚えた。

二時間後の午後一〇時、会はお開きとなった。誘った人間と誘われた人間とみられる二人組が、次々に部屋を出て行く。記者はNに連れられ、新宿駅まで二人で歩いた。

「どうだった？」

いつものように、Nが感想を求めてきた。「すごいと思った。同年代なのに、自分のやりたいことのために活動していて。自分の周りにはいない人たちだった」と話を合わせると、Nは声を弾ませた。

会の出席者と同じく、Nはこれまでも、一般の会社員を否定するような言葉を繰り返していた。

「出席者は「こんな自分を持ってやっていく」という人が多かったでしょ？　会社員をしていたら、こんな人たちと出会うことはあり得ない。会社は言われたことをやってもらわないと困る。社員全員にそういうことをされたら困るからね」

「自分と向き合うのは厳しい作業だ。自分以外の何かのせいにしたほうが楽じゃん。でも自らの意志で前に進むのはかっこいいし、俺もエネルギッシュでありたい。ただ意識を高く持つだけではだめだ。行動することで、自分の人生が変わる。いよいよ、コカジ（記者の名前）もそこに気づいてくれたな」

†スロープとティーアップ

翌朝、NからのLINEで目が覚めた。

「昨日は参加できてよかったね〜。いい刺激になったんじゃないかな」

お礼を返信すると、「次、いつ会える？」。記者の予定を細かく尋ねてきた。

「いい居酒屋知らない？」と声をかけてきたNとやりとりを続けながら、記者はこの組織の目的を明らかにするために、別のルートでも接触を試みた。

これまでに参加したイベントや、Nから聞いたことなど、断片的な情報をSNSなどで探った。その結果、マルチ商法の疑いがある組織に加入していた複数の関係者や元構成員にたどりついた。

関係者への取材で判明した勧誘方法は、Nと出会ってからこれまでに経験した出来事にほぼ当てはまった。誘い文句に、人気漫画が登場することまで同じだった。ばらばらだった一人一人が「一つの夢」をかなえるために団結するストーリーが、勧誘に使いやすいからだという。

Nもことあるごとに、この漫画を引き合いに出し、夢を叶える重要性を訴えかけてきた。ちなみにこの漫画は週刊少年漫画雑誌で掲載されており、単行本も一〇〇巻を超える大ヒット作だ。記者も幼い頃から社会人になった今でも、毎週チェックしている。

Nから漫画の話題を振られたので、盛り上がると思い、作中の好きなシーンを尋ねてみた。Nは最近読み始めたらしく、一〇巻程度しか読んでいないらしい。「夢を目指し、仲間と一緒に頑張ろうというメッセージを出してくれているのがいいよね。中間目標があると分かりやすい。Sからも「まずは九~一〇巻程度まで読んどけばいいよ」と言われている」というNの回答に、なんだか拍子抜けしてしまった。

関係者によると、この組織は「事業家集団」「環境」「アカデミー」「チーム」などと呼ばれ、構成員は東京、大阪を中心に数千人いるとみられる。元構成員は、組織の勧誘方法を「スロープとティーアップをうまく使い分ける」と明かした。意味がのみ込めない。戸惑う記者をみて、解説してくれた。

「スロープ」は「目的を告げずに、徐々に組織の理念に染めていくこと」を指す。「いきなり「ビジネスオーナーになろう」と誘われても、断るでしょう? 目標に向けて、少しずつ段階を踏み、「ここぞ」というタイミングで一気に落とす」のだという。階段に代わる傾斜路のイメージだろうか。とんだバリアフリーだ。

「ティーアップ」は「持ち上げる」という意味がある。これから紹介する人について、事前に経歴や実績を誇張して伝えておく。すると実際にその人に会ったときに、関心や興味が勝り、心理的に疑うことができなくなる。ネットワークビジネスでよく使われる言葉だという。

話を聞きながら、自然とこれまで接してきたNとSの顔が浮かんだ。何かを察したのか、元構成員は不敵な笑みを浮かべ、つぶやいた。

「記者さん、完全にカモですね。そろそろ落としにくる頃合いです」

†あと二年で年収二〇〇〇万

「熱めの飲み会」から一一日後の二〇二一年六月一五日、N、Sと三人で会う約束をした。Nは高田馬場駅でNと待ち合わせ、近くの貸会議室に向かった。Sは遅れてくるという。Nは落ち着きがなく、スマートフォンばかり見ている。記者が話しかけても上の空だ。

Sが到着するまで、Nにこれまで接触してきた中で、感じた疑問をそれとなくぶつけてみた。どんな活動をしているのか。飲み会で出会ったメンバーはどんな業種で起業しているのか……。

Nは「師匠から免許皆伝するまでに、必要なことは共通している。ビジネスオーナーになるためには、業種は衣食住に関するものじゃないと駄目だ」「フランチャイズはトリッキーな業種をやっていないよね？　時代で、流行る流行らないっていう差が激しい。衣食住に関することでなければ、多店舗展開できない」などと曖昧な返事を繰り返した。約三〇分後にSが到着すると、先日と同様、記者の「願望マップ」に沿って話が進められた。

今日もSは「ＥＳＢＩ」の説明を繰り返した。従業員、自営業、ビジネスオーナー、投資家の四分類の考え方だ。

Sは、例の人気漫画の主人公に憧れているという。

「(主人公は)強い敵や壁があっても突破し、仲間が集まってくる。僕はそんなビジネスオーナーになる。君はどっち?」

元構成員から忠告を受けていたことに助けられたが、急な問いかけに、正直に言えばうろたえた。

それからSは記者に対し、「これから定年までの約四〇年間、ずっとやり切れない生活を送るくらいなら、若いうちに嫌なことを済ませたほうがいい」と持論を展開した。Sは二六歳から活動を始めたものの、最初は嫌なことばかりだったと打ち明けた。それでもあきらめなかった結果、力と仲間を得たという。

「お金の生み出し方は知っている。ビジネスオーナーは、仲間と資金が使えるから、どんなことでもできる。僕はカフェでも、アパレルでも、どんな事業でも成功できる力がついた」と言い切った。

Sにとって、今が「ここぞ」というタイミングなのかもしれない。記者に次々と言葉をぶつけた。

「できるかどうか、不安です」

煮え切らない記者に対し、Sは「できるかどうか、と言っていたら、できない。できるまでやるって感じ」と背中を押した。記者の「願望マップ」を実現するためには、三〇歳までに年収二〇〇〇万円が必要だ。Sは冷ややかに笑いながら言った。

「あと二年で年収二〇〇〇万円でしょ。寝る時間はほとんどない。自己管理とか、すべて年収二〇〇〇万円を目指して基準を作ってやらなければ、到底たどり着けない。生半可な気持ちだったら、逆に怪しい」

急に突き放された。

ビジネスオーナーを目指すには、当面はいまの仕事を続けながら、経営の「師匠」に教えを請う必要があるという。Nは終始、隣でうなずいたり、相づちを打ったりするだけで、話に入ってこなかった。組織の中で、Nより上の存在とみられるSがその「師匠」なのかと思ったが、Sは「僕の理想を、はるかに上回っているものをかなえている人がいる」とほのめかした。

Sとの会話は交わることなく、一時間がたった。「具体的にどうすればビジネスオーナーになれるのか、教えてほしい」。初めてSの話を遮って聞いてみた。

Sは「自転車のような感覚。言葉で説明しても、できない人にはわからない。チャレンジして、乗れてからやっと、「ハンドルを握って、足を動かしてペダルをこげば乗れる」ってわかるんだよ」とゆっくりと言った。よし、チャレンジしてみよう——とは思えなかった。

会話は一向に終着点が見えなかったが、Sは忙しく、これ以上時間が取れないとのことで、Nから会議室から退出するよう促された。Nは「時間も時間だから、今度またSに時間を取ってもらおう」と口を開いた。ようやく解放されると思い、荷物を抱え、会議室を出ようとする記者を、最後にSが「君が心配だ」と呼び止めた。

「東京に出てきたばかりだし、悪質なネットワークビジネスにはまりそうだね。魔法みたいなものはないから、本当に自分の夢をかなえたいなら、ちゃんとやったほうがいい」という。記者はこれまでの取材を通じ、Sたちがやっていることこそ、「悪質なビジネス」と確信を持っていた。

†うろたえるN

帰り道、Nと二人で、高田馬場駅まで歩いた。いつものようにNは感想を求めてきたが、いつもとは様子が違うことがはっきりとわかった。かなり早口で、言葉の端々から焦りがにじみ出ていた。

　これまでのNには、決められた言葉を、誰かに言わされているような印象を抱いていた。目の前でとり乱すNの姿から、皮肉にも、初めて血の通った人間らしさを感じた。

「具体的にどうすればビジネスオーナーになれるのか」。Sと同じ質問を、Nにも投げかけてみた。

「うーん、経営に必要なこと。何が経営に必要だと思う？」とNは質問で返してきた。人間力、調整力、資金力、営業力……。思いついたことを適当に挙げると、Nは「うんうんうん。それをね。やるって感じ」とまくし立てた。

　高田馬場駅の改札前で約二〇分間、立ち話になった。Nは間髪をいれず、次々に言葉を重ねる。Nは、ビジネスオーナーを目指すには金銭的にも時間的にも犠牲を払わなければいけない、と語り出した。

「きついことをするから力がつく。きついことを乗り越えて、自分がレベルアップすることが面白い。筋トレと同じ感覚」という。勉強会や経営セミナーへの参加費、仲間の店を利用するための費用が必要だが、力を付ければ「将来、何倍にもなって返ってくる」と強調した。

また、仲間の店を利用することについては「みんなでお互いウィンウィンの関係を作るときに「人の応援する気はないけど、俺のことだけ応援しろ」って、違うやん。応援する自分だから、周りからも応援される。だから、関係者の店にお金を落としていく。そういうところにお金を使う」と説明した。「いい居酒屋知らない？」と勧誘した若者に何を求めているか、目的の一端が明かされた。

Nは息も切れ切れに言葉を続けた。

「自分を変えることが、人としての豊かさにつながったと師匠も言っていた。俺もあったよ。新しいことにチャレンジするとき、びびりだったけど、そういうことを取っ払い、一歩踏み出した」

「これからの人生もいろいろチャレンジしていく。常にチャレンジする姿勢こそが男としてかっこいい。後押ししてくれる人たちに巡り合えたし、そういう人をたぐり寄せたし、そういう人たちとのご縁をつかみ取ったなって思う」

Nはうろたえながらも、必死で言葉をつなぎ記者に訴えかけてきた。Nに対し、言葉にできない複雑な感情を抱いた。

†Nと向き合う

一週間後、新橋の居酒屋でNと向き合った。初めて記者からNを誘った。

これまでの取材は、胸ポケットにICレコーダーを入れて録音するなど、相手に悟られないよう、Nらとのやり取りを記録していた。相手の了承を得ない録音は、通常の取材では許されない。

一方、「言った」「言わない」を避けるためにも、今回の取材は録音は必要不可欠だと判断し、このような手法に踏み切った。ただ、この日はICレコーダーを回す手が止まった。街中で連絡先を交換した同世代の一人として、純粋にNと向き合いたかった。やりとりはトイレに行く際にスマートフォンでメモして、対応した。

二人とも生ビールを注文し、ささやかに乾杯をすると早速、Nが切り出した。

「どうなの？　ビジネスオーナーになるために動いちゃえばいいじゃん」

たびたびの誘いにも煮え切らない記者に対し、Nは具体的な説明は避けながら、「人として間違ったことはしない。人を殺してこいなんて言わない」と冗談交じりに言った。

Nは、Sと一緒にお世話になっているという女性について説明を始めた。何度か存在をほのめかされていたが、これまでは詳しいことを話そうとはしなかった。

二人の「師匠」だという女性は、会社員からビジネスオーナーへの転身に成功。東京都内で雑貨店と美容室の二店舗を経営している。Nは「自宅で三六五日、体育座りをしているだけで、年収二〇〇〇万〜三〇〇〇万円を維持することができる」と説明した。

女性から大切なことを学んでいるといい、Nは「スマートフォンさえあれば、何もないところから、何でも立ち上げられる。自分自身が資産で、利益を生み出すことができる人だ」と自分のことのように誇らしげだった。

声をかけるN（右）（毎日新聞社提供）

そういえば、Sは「師匠」について、「指針」「航路」と語っていたことを思い出した。二人が女性に傾倒していることは明白だった。
Nは記者に対し、これまでの人生で、何か本気で取り組んだものがあるかと尋ねてきた。今の自分にできないことを、できるようにすることが大切と力説した。具体的な活動をひた隠しする理由については「何をするか事前に教えてしまうと、やることばかりに目がいって、大事なことが伝わらない。当初は、意味が分からないような（女性師匠からの）指導もあった」と説明した。

Nは他にも、女性の師匠から教わったことを次々と言いつらねた。

「能力は努力の差だが、結果は仕組みの差だ」

「我流の人は、それ以上成長しない。我流より進んでいる人に教えてもらうことで、自分も成長できる」

「自分にできないことができるようになることで、願望の幅もどんどん広がる」

「会社員で頑張っても、願望とする年収はかなえることができない」

「努力の基準は同じでも、何に取り組むかによって、得られる結果は違う」

「自分自身が一番の資産。自分が価値を提供し、お金を生み出していく」

「ビジョンを描いて成し遂げていく。やりたいことをやるだけじゃなく、ビジョンのために必要なことを自ら選択してやる」

Nはこの日も最初のうちは、様子をうかがいながら、慎重に言葉を選んでいるようだった。記者が耳を傾けているのを感じたのか、一転して上機嫌になった。酔いも手伝い、N

は自らの身の上を語り出した。

Nは西日本の離島出身。関西の超難関国立大学を卒業後、東京の企業に就職した。しかしSとともに、ビジネスオーナーを目指して活動する時間を得るために転職したという。故郷の特産物を一つ一つ、どこがすごいのかを教えてくれた。「夢は死んだあと、地元に銅像が建てられるような人物になること」と真っすぐ前を見据えた。

活動の理由について「今の日本は、ただ生きるだけなら努力しなくてもどうにかなる。俺は一度きりの人生を最大限チャレンジして、より多くの人に貢献していく生き方をするために動いている」と言い切った。本心からの言葉に聞こえた。

「大学に進学したら、勉強でも運動でも上には上がいた。我流だと限界があると思った。指針となるようなコーチ、師匠、メンターが大事だと思った。我流では行き着かないステージに自分を引き上げたいと思った。今の自分にできないことを、できるようになるプロセスが大切だ。今の自分にできるか、できないかにとらわれず、できる自分になればいいだけだ。今この瞬間に、努力したらできる人間になるという自分への確信があるから、安定、成長、飛躍すると思っている」とも続けた。

故郷にいつか戻る予定は?

記者の問いかけに、Nは「わからない。たまにふらっと帰ることはあるかな」とさみしげに声を落とし、「大好きな地元に、胸を張れるくらいがんばれる自分でありたい。地元出身で、東京で働いているのは俺ぐらいだから」。自分に言い聞かせるようにつぶやいた。

Nは「次の予定がある」と言い、店の前で別れた。

「じゃあ、またな」

いつものように慌ただしく立ち去った。ただ、記者はNと会うのはこれが最後と決めていた。

元構成員への取材で「事業家集団」は最終的に、ある会社の美容用品を月一五万円分購入するよう持ちかけてくるとの情報を入手していた。Nからは「勉強会や経営セミナーに参加するには金がかかる」と聞かされた。支払うと違法の疑いがある組織の活動資金になりかねず、これ以上の誘いに応じるわけにはいかなかった。

Nの背中を見送りながら、この三カ月間、Nと交わした言葉を思い浮かべた。Nの言動からは、悪意や記者をだまそうという意図は感じなかった。心の底から勧誘活動に従事し、自らの言葉を信じ、記者に接していたように感じた。

最後に少しでも、Nの本音を知ることができればと思ったが、それは実現しなかった。

叶うのであれば、組織に加入する前のNに出会いたかった。

Nも夢を抱いて上京してきたごく普通の若者だったはずだ。加害側であると同時に、Nも被害側の人間ではないだろうか。

そんなことを考えているうちに、Nの姿は東京の雑踏の中、見えなくなっていた。彼のような「被害者」をこれ以上生まないよう、取材で「事業家集団」の実態に迫ることを決意した。

第二章

マルチ商法とはなにか

そもそもマルチ商法とは何なのか。

言葉自体はよく耳にするが、構造・スキームが複雑で、平易に説明できる人はあまりいないかもしれない。世間では「違法」「危険」という悪いイメージを浮かべる人もいるかもしれない。しかし、マルチ商法の運営や勧誘は、法律でも認められている。

ただマルチ商法は、特定商取引に関する法律（特商法）で厳しい制約があり、ルールを守らなかった場合、違法になる。また、法律の網を潜る脱法な手口が横行しているのも事実だ。中には、金銭トラブルに加え、友人や知人、恋人、家族間の人間関係に、問題が生じてしまった報告例も実際にある。

マルチ商法はトラブルに巻き込まれる可能性があるのに、なぜ法律で認められているのか。法規制をまとめる際、どのようなやり取りがあったのか。

この章では、マルチ商法とそれを規制する特商法、ねずみ講との違いや、新しいマルチの形態、過去の国内でのトラブルや歴史について、消費者庁の見解や過去の報道、国会でのやり取りから紐解いてみたい。

†マルチ商法の定義

・商品やサービスの販売事業。再販売や、販売の斡旋をする
・「会員になると商品を割引価格で購入できるので、他の人に定価で販売するともうけが出る」など「特定利益」を示して勧誘する
・「商品の購入」「入会金、登録料」など、加入時に金銭を支払う「特定負担」を伴う

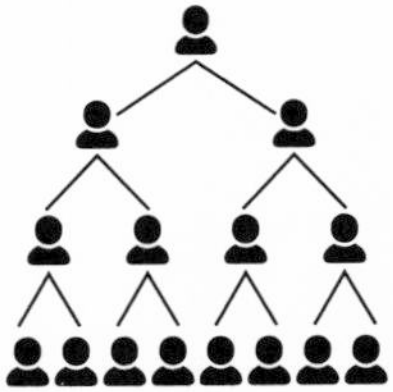

マルチ商法（連鎖販売取引）とは

マルチ商法は諸説あるが、米国で始まったとされ、一九七〇年ごろには、日本でも爆発的に浸透した。「Multi-level marketing」（マルチレベルマーケティング）の略称で、ネットワークビジネスと呼ばれることもある。

マルチ商法は、多階層販売方式で成り立つ。口コミで商品を販売する手法で、会員をビジネスの参加者とみなし、商品の購入や、新規会員を勧誘した実績に応じ、勧誘者に報酬が還元される仕組みになっている。ピラミッド型に会員を配置し、上位の会員ほど、還元率が高くなる。

形態はさまざまあるが、一般的には、勧誘して会員を増やせば増やすほど、勧誘して会員になった人間が商品を買えば買うほど、自分自身の利益が上がるということだ。

マルチ商法は俗称だ。特商法上では「連鎖販売取引」と呼ばれている。では、特商法で、連鎖販売取引はどのように定義されているのか。消費者庁が公表している概要を見

てみたい。

連鎖販売取引業とは

1　物品（施設を利用し、又は役務の提供を受ける権利を含む。）の販売（又は役務の提供など）の事業であって

2　再販売、受託販売若しくは販売のあっせん（又は同種役務の提供若しくは役務提供のあっせん）をする者を

3　特定利益が得られると誘引し

4　特定負担を伴う取引（取引条件の変更を含む。）をするもの

（消費者庁の特定商取引法ガイドより）

ここでポイントとなるのが「特定利益」「特定負担」の二つだ。

消費者庁が公表している特定商取引に関する法律・解説（二〇二二年六月一日時点）によると、特定利益とは「その商品の再販売、受託販売若しくは販売のあつせんをする他の者又は同種役務の提供若しくはその役務の提供のあつせんをする他の者が提供する取引料そ

の他の主務省令で定める要件に該当する利益の全部又は一部をいう」などと定義されている。分かりやすく言えば、自分が新しい人を勧誘して、システムや会員に加入させることで、自分が得られる紹介料などのマージンを指す。

特定負担とは、連鎖販売取引に伴う負担で「その商品の購入若しくはその役務の対価の支払又は取引料の提供」と定義されている。つまり、商品代など自分が支払い、負担するものを指す。商品代、入会金、登録料、保証金、研修費用などに当たり、名目、金額は問わない。

先述した1～4がすべて当てはまることで、初めてマルチ商法に該当し、特商法上の規制対象となる。そのため、規制対象から逃れようと、脱法的な手口を試みる悪徳業者も後を絶たない。

特に3の「特定利益が得られると誘引し」の概念を巡っては、抜本的改革を求める意見が日本弁護士連合会などからも上がっている。勧誘・契約時の段階で「販売員になり、さらに自らが販売員を勧誘することで紹介料が得られる」などの説明が事前にないと、マルチ商法には該当しないという考え方だ。

後述する「後出しマルチ」もこの部分につけ込んでいる。意図的に勧誘・契約をする際に、特定利益の説明をしないという手口だ。

過去には、経済産業省が「連鎖販売取引に加入させることを目的として、特定利益に関する説明を故意に商品購入後に告知している場合には、特商法に定める連鎖販売取引に該当し得る」との見解を示している。ただ、条文上はこの部分は曖昧で、明確化を求める声が上がっている。

†マイルは特定利益か

第三章以降で説明するが、事業家集団は巧みに法律の網目をかいくぐってくる。組織は場合によっては、一年以上かけて勧誘し、セミナーなどで所定の工程をたどった「洗脳でがん決まり状態になった人物」（元構成員）にしか商品の購入を持ちかけない。

商品の購入を求める際には、

「周りの皆も購入している」

「師匠もこの投資を続けて経営者になることができた」

「月収一〇〇万円を目指すなら、一〇～二〇％分の投資が必要」

「経営を学ぶための自己投資だ」

などと、ありとあらゆる口実をもちかける。

構成員は、勧誘した人間を、商品を毎月一五万円購入する「組織のシステム」に組み込むことができたら、一人あたり、その商品のみに使用できる一・五万円分のマイル（ポイント）がもらえると説明を受ける。「これが特定利益に当たる可能性がある」と見る行政当局関係者もいる。

ただ、組織はこのポイントについて、構成員に対し「家電量販店などのポイントと一緒。友達を紹介してくれれば、自分もポイントをもらえる」などと説明している。あくまで、特定利益には当たらないというスタンスなのだ。「特定利益の誘因」には当たらず、特商法上の制約から逃れるためのやり口とみられる。

そもそも構成員は、組織から「九系列五〇人の仲間を作れば、自らも店舗オーナーになって、豊かな生活が得られる」などと教え込まれており、判断能力を失っている構成員は、ポイントを得るためではなく、これを達成し、経営者になるため勧誘活動に邁進《まいしん》しているケースが多い。その一方で、ある元構成員は「毎月の生活が苦しく、マイル（ポイント）目的に勧誘活動していた一面もあった」と明かした。

また組織の特徴の一つとして、通常のマルチ商法でよくある「無店舗販売」ではなく、師匠たちが実際に小売店を持つ「有店舗販売」という点もある。師匠の小売店に「熱狂的なファン」がおり、あくまで小売店と消費者という一般的な形態を装っている。

これは規制当局の目を欺くための手口とみられ、別の元構成員は「連鎖の構造を見破られないようにするため」と話す。一連の手口について、この元構成員は「実態はマルチだが、法的な規制を受けないマルチ」と証言している。

†合法だが、規制は厳しい

マルチ商法は、この章の冒頭でも説明したが、法律で認められており「合法」だ。しかし、トラブルに発展する例も多いことから、特商法では、厳しい規制が設けられている。行政規制に違反した場合、業務改善の指示や取引停止命令、役員等の業務禁止命令の行政処分の対象となるほか、罰則の対象になる。

今年一〇月には、消費者庁が「日本アムウェイ合同会社」に対し、社名や目的を言わずに勧誘したことなどが特定商取引法違反に当たるとして、六カ月の取引の一部停止命令と、再発防止策を講じることなどを求める「指示処分」を出した。同社に対する初めての行政処分で、新規会員の登録と勧誘が六カ月停止される措置に、業界には衝撃が走った。

†特商法の概要

特商法では、どんな規制があるのか。特定商取引法ガイドを基に整理した主な規制事項を紹介したい。

1. 氏名等の明示

勧誘前に消費者に対し、統括者（マルチ商法を運営するその組織のトップ）、勧誘者又は、一般連鎖販売業者の名前、特定負担を伴う取引についての契約の締結について勧誘をする目的である旨、その勧誘に係る商品又は役務（ファンド型投資商品や副業などのサービス）の種類の説明をしなければいけない

2. 禁止行為

商品の品質・性能、特定利益、特定負担、契約解除の条件、そのほかの重要事項等について事実を告げないこと・事実と違うことを告げること、契約を締結させ、又は契約の解除を妨げるために、相手方を威迫して困惑させること、勧誘目的を告げない方法で誘った

消費者に対して、公衆の出入りする場所以外の場所で、特定負担を伴う取引についての契約の締結について勧誘を行うこと

3．広告の表示

広告する場合には、商品の種類、特定負担に関する事項、特定利益について広告する場合はその計算方法、統括者の氏名、住所、電話番号、商品名——などの表示の義務

4．誇大広告等の禁止

「著しく事実に相違する表示」「実際のものよりも著しく優良であり、若しくは有利であると人を誤認させるような表示」の禁止

5．未承諾者に対する電子メール広告の提供の禁止

消費者が事前に承諾しない限り、統括者、勧誘者又は一般連鎖販売業者の連鎖販売取引電子メール広告を送信することを原則禁止

6．書面の交付

連鎖販売業を行う者が、連鎖販売取引について契約前後に、概要書面と契約書面を消費者に渡さなければならない。主な内容は以下の通り。

▽統括者の氏名（名称）、住所、電話番号、法人にあっては代表者の氏名
▽商品の種類、性能、品質に関する重要な事項（権利、役務の種類及びこれらの内容に関する重要な事項）
▽商品名
▽商品の販売価格、引渡時期及び方法その他の販売条件に関する重要な事項（権利の販売条件、役務の提供条件に関する重要な事項）
▽特定利益に関する事項
▽特定負担の内容
▽契約の解除の条件その他の契約に関する重要な事項

規制事項は複雑で多岐にわたるが、消費者を守るために必要な事項が詰め込まれており、業者や勧誘者側にこれらの事項が課されている。仮にマルチ企業と契約を結ぶ際には、消

費者側も、事前に理解しておくことが望ましいが、実際には難しく、トラブルに巻き込まれる例が後を絶たない。

†マルチ商法の行政処分例その一

消費者庁は、過去に特商法に違反した業者について、同庁のホームページ上で公開している。直近の事例から、マルチ商法（連鎖販売取引）で違反し、行政処分を受けた例を紹介する（事例はすべて、消費庁の公表事例からの引用。句読点や表現などは一部改めている）。

◆処分事業者　東京都内の美容品会社
◆取り扱い商品　化粧品、健康食品など
◆処分日　二〇二二年三月一日
◆処分理由　氏名等の明示義務違反（勧誘目的の不明示）、勧誘目的を告げずに誘引した者に対する公衆の出入りしない場所における勧誘、迷惑勧誘
◆処分内容　取引等停止命令三カ月など

令和元年六月ごろ、勧誘者Zは、消費者Aに、大事な話があるなどとメッセージアプリでメッセージを送り、面会する約束をした。ZはAの自宅まで車で迎えに行き、車中で「副業って興味ない?」などと告げ、Aを○○(処分を受けた企業)の事務所に連れて行った。Zは事務所で、Aを勧誘者Yに引き合わせ、二人はAを一室に案内した。

この時点までに、ZとYは、特定負担を伴う契約の締結について、勧誘目的である旨をAに告げたことはなかった。二人はAに対し、「○○(処分を受けた企業)の商品を誰かに紹介して買ってもらい、買った人がまた別の人に商品を買ってもらうと、自分にマージンが入る仕組みだよ」「人を紹介したときにもらえるマージンが多くなる。MAXコースにしておいたほうが、あとあと戻ってくるお金が大きくなるから、絶対こっちのほうがいいよ」などと説明した。

Aは二人に対し、

「一回、家に帰って考えます」

「お金がでかいから今は契約は決められない」

「いったん帰って考えたい」

などと契約を締結する意思がないことを伝えた。

Yは、

「ここで夢をつかまないと後悔するよ」

「今まで、一旦家に持ち帰ってやった人いないから、今すぐここで決めたほうがいいよ」

などと告げて勧誘を継続した。

Aは、この時点で、既に長時間勧誘を受け続けていた。契約しないと、帰れないのではないかなどと不安を抱えていたことから、Zに対し「やってみたほうがいいのかな。でも勇気が出ない」などと伝えた。Zは、同じ部屋にいた別の勧誘者XのもとにAを連れていった。Xを勧誘に加わらせた上で、さらに勧誘を継続した。

Aは「お金がないと言えばやらなくても済むのではないか」と考えた。「今ちょっとお金ないんで」と告げた。

すると、Y又はXは「すぐそこに△△（貸金業者の名称）があるから、大丈夫」などと告げた。そして、Aを貸金業者の店舗に連れて行き、貸金業者のカードを作成させた。Aは、一連の勧誘を受け、契約を締結する以外に選択肢がないと感じ、○○（処分を受けた企業）と契約を締結した。

†マルチ商法の行政処分例その二

◆処分事業者　東京都の栄養補助食品等の販売会社
◆取り扱い商品　栄養補助食品、化粧水、美容マスク
◆処分日　二〇二一年八月二日
◆処分理由　不実告知（商品の効能及び契約の解除に関する事項）、断定的判断の提供
◆処分内容　取引等停止命令六カ月など

勧誘者Wは、令和元年夏ごろ、イベント会場で、連鎖販売契約の締結について、Wの知人である消費者Cを勧誘した。その際、Cに対し「日本に入ってきたばかりの、すごい販売システムのビジネスがあるから、Cさんもやらへん？　癌なんかにも効く、本当にすごいサプリがあるからやらへん？」などと告げた。

後日、Cと会った際にも、

「〇〇（処分を受けた企業）というやつなんやけど。シンガポールから始まり、アジアでは爆発的に売れ、ネットワークビジネスでは、二〇二〇年には△△（他の連鎖販売業者）

を抜いて、世界一になるので、こんなチャンスはないから早く始めたほうがいい」

「今から絡んでおいたほうが絶対いい。必ずすごいことになる。儲かるから。稼げるから。〇〇（処分を受けた企業）は、一度サプリを購入した人が、同じポジションで購入できない仕組みになっていて、上の人が自分の下のポジションで購入するから、損はしない」

などと告げた。

そして、Wの上位会員である勧誘者Vは、令和元年一一月下旬から一二月初めごろ、Wと共に喫茶店でCと会った。VはCに対し、

「私は、糖尿病で、アメリカで移植するしか治す方法がなかった。しかし、それができなかったので、一度心臓が止まって仮死状態になったことがある。その時は奇跡的に生き返ったけど、一週間寝たきりになり、内臓がボロボロになった」

「その後、移植をするしか方法は残されていない中、日本でもいろいろな物を試したが、この〇〇（処分を受けた企業）のサプリに出会い、すがるような思いで大量に飲み続けたところ、劇的に回復した」

「〇〇（処分を受けた企業）はバイナリーの仕組みのビジネス。自分がサプリを購入して、その下に左右二人を勧誘して、契約させ、さらにその下に人を付けることにより、収入が

得られる。しかも、自分で勧誘しなくても、上の人が、自分の下に人を付けてくれるので、儲かる仕組み。自分より上の人のサプリがなくなると、再購入して、自分の下に付くこともある。入会者を増やして、下に付けていけばすごい収入になる」

「成果次第で月一〇〇〇万円も達成できる。タイトルを取れば収入が上がっていく。タイトルのスターの数によって、月収五〇〇万円から一〇〇〇万円になる。成果次第で、自分の下にスターの数が多い人を付けていけば、自分の収入が上がる。サプリを購入するために支払った分の元も取れる」

「チームで動くから、勧誘しない人がいても、勧誘をする人が下に人を付けてくれる」

などと告げた。

さらに、Wは、令和元年一二月、飲食店でCとCの知人二名に対し、商品について、フィリピンの医者が癌に効くと言っていること、自分が勧誘をしなくても、上のポジションの会員が、自分の下に人を付けてくれることなどを告げた。

Wは「鹿の幹細胞やから、そこから新しい細胞を作っていく。すべての細胞の基本になるのは幹細胞やから、新しく細胞が作られて、病気が治っていく。だから、すべての病気に効く。癌も治る。アトピー、難病に効く」などと、あたかも、癌の治癒、股関節痛、アトピー、その他の難病など万病の改善の効能があるかのように告げた。その結果、Cは同月、○○（処分を受けた企業）と契約を締結した。

†マルチ商法の行政処分例その三

◆処分事業者　男性二人

◆取り扱い商品　××と称するオンラインツールがその利用者へ支払う報酬の獲得を促す役務

◆処分日　二〇二一年六月二二日

◆処分理由　氏名・勧誘目的の不明示、事実不告知（役務内容、特定利益に関する事項）、不実告知（契約の解除、判断に影響を及ぼすこととなる重要な事項）、公衆の出入りしない場所における勧誘、概要書面不交付、契約書面不交付

◆処分内容　取引等停止命令一五カ月など

令和二年二月、会員Xは、友人である消費者Bに対し、トークアプリで、

「来週どっか空いとる日ない？」

「二、三時間空いとる時間があれば良いよ！」

とメッセージを送った。

Bが都合がつく曜日を伝えると、

「えぐい話聞かせるから！」

「一応、話的には副業の話になるんだけど！」

などとメッセージを送った。トークアプリのビデオ通話機能を用いて、副業についての説明を聞くように誘った。

同月、Bは、会員Wから、ビデオ通話機能を用いて、契約の締結について勧誘された。Bは、ビデオ通話をするまでの間に、Xに対し、「やばい仕事？」とメッセージを送り、あらかじめどのような話を聞くこととなるのかを知ろうとした。しかし、Xは「ばり稼げる！　俺二週間で八〇万行ったよ笑」「話聞いたらすべてがわかるよ！」などとメッセージを送るのみだった。

ビデオ通話が開始される前までの間に、Bに対して、取引の統括者の氏名及び、特定負担を伴う取引についての契約の締結について、勧誘をする目的である旨を明らかにしなかった。

ビデオ通話において、Wは、Bに対し、本件報酬について「報酬の仕組みは、第一に、自分が誰かに○○（処分を受けた男性が運営していたオンラインツール）を紹介して登録すれば八〇〇〇円、さらにその紹介者が別の人を紹介して登録すれば五〇〇〇円報酬が入る」

「第二に、自分がオンラインカジノゲームを誰かに紹介して、その人たちがゲームを遊んだ分の数%が報酬として入る」

「第三に、自分のタイトルがアシスタント以上の場合、オンラインカジノゲームの世界売り上げのうち、一%が各会員に山分けされ、毎月報酬として入る」

「第四に、自分のタイトルが「チーフ」以上になれば、勧誘時の○○（処分を受けた男性が運営していたオンラインツール）の説明をすることができ、説明するたびに、インストラクター報酬がいくらか入る」

「最大一五段階下の人まで、一人五〇〇〇円の紹介料をもらうことができる」

などと、紹介料を含む複数種類の報酬の支払を受けることができる旨を告げた。加えて、自分自身が直接に新規会員を獲得しなくても、多額の紹介料を得ることができる旨を強調した。

また、説明会で、Wは、Bに対し、契約の解除について、「登録から一四日以内に限り、退会した場合は、返金される」などと、あたかも契約に基づく会員登録時から、一四日間しか契約金額の返金が認められないかのように告げた。

Bは、ビデオ通話で説明を受けた後、会員登録料として二二万八〇〇〇円を支払い、契約を締結した。

Bは、契約締結に至るまでの間に、実際には、「ONクライアント条件」などと呼称される条件を満たさなければ、報酬の大部分の支払を受けることができず、条件を満たすためには、本件オンラインカジノで、自らオンラインカジノゲームを行い、最大で月額約二万円から三万円程度を毎月課金しなければならない場合があること、実際には、契約を締結しても、「アシスタント」、「チーフ」、「ディレクター」および「プロデューサー」と称される四段階の各タイトルを、新規会員の獲得数が一カ月三〇人以上、または二カ月連続で一五人以上であること（「チーフ」となるための条件）、新規会員の獲得数が二カ月連続で一〇〇人以上であること（「プロデューサー」となるための条件）、自身の下位の系列に、一定数のタイトル取得者を育成すること（「チーフ」、「ディレクター」および「プロデューサー」となるための条件）など、各タイトルに設定された一定の条件を満たしながら、順次獲得して最上位の「プロデューサー」にならなければ、一五階層下の会員が新規会員を獲得したことに伴って、一人当たり約五〇〇〇円もらえるとされる紹介料を得ることができず、いずれのタイトルも獲得しない状態のままでは、自分が直接獲得した会員による新規会員獲得分しか紹介料が発生しないことについて、誰からも告げられなかった。

Bは、契約の締結について勧誘を受け、契約を締結した令和二年二月当時、二〇代の給与生活者であり、過去に、連鎖販売取引やアフィリエイトと称される広告・宣伝業務を行った経験はなく、投資やカジノの経験等もなかった。

Bは、契約を締結した後、新規会員を獲得しようと友人数人に声をかけたものの、その友人らはいずれも契約の締結には至らず、その後、令和二年四月にクーリング・オフを申し出たが、会員登録料の返還はされていない。

†クーリング・オフ制度

自分の意思が明確でないまま契約し、金銭トラブルに発展する例も後を絶たない。

消費者を守るため、一定期間内であれば、一方的に無条件で、解約を認める「クーリング・オフ制度」がある。クーリング・オフには、消費者に一切の負担がなく、代金も全額返済される。

訪問販売や、電話勧誘販売などクーリング・オフの期間は、販売方法によって異なる。マルチ商法の場合、法定書面を受け取った日から二〇日以内であれば、クーリング・オフが適用される期間になっている。一方で、クーリング・オフ期間が過ぎた場合でも、連鎖販売契約を結んでから一年以内で、商品の引き渡しから九〇日以内、購入した商品の再販売をしていないなど一定の条件を満たせば、代金の一部返金が可能な場合がある。また、嘘を告げられたり、誤認して契約した場合には、契約自体を取り消せるケースもある。消費者庁は相談窓口を設けており、対応に当たっている。

†ねずみ講との違い

マルチ商法と類似していて、よく勘違いされるのが「ねずみ講」だ。

ねずみ講はマルチ商法と同様、会員が組織外の人を勧誘し、次々と会員を増やしていくというスキームに共通点がある。一方、マルチ商法は、ルールを守れば合法であるが、ねずみ講は犯罪行為に当たる。ねずみ講はマルチ商法と違い、商品を取り扱わず、主に金銭で成り立っている特徴がある。

ねずみ講の名前の由来は、和算のねずみ算だ。ねずみ算のように、一人の会員から、一気に会員数が増えることを意味している。先に組織に加入した人間が、あとから加入した者から金銭を受け取り、組織が拡大していくスタイルだ。

ねずみ講は、法律上では「無限連鎖講」と呼ばれている。破綻が避けられない商法として、無限連鎖講防止法で、全面的に禁止されている。ねずみ講を開設・運営した場合、三年以下の懲役か三〇〇万円以下の罰金、事業としてねずみ講に加入することを勧誘した場合、一年以下の懲役か三〇万円以下の罰金、ねずみ講に加入することを勧誘した場合、二〇万円以下の罰金に処せられる。

ねずみ講は「破綻が避けられない商法」とされている。なぜ破綻が避けられないのか。

先に加入した者が「先順位者」。これに連鎖し、段階的に二以上の倍率をもって、増加する後続の加入者が、それぞれの段階に応じた「後順位者」と呼ばれている。先順位者が後順位者の金品から、自己の金品の価額又は、数量を上回る価額・数量の金品を受領する配当方式になっている。

先に加入した者が二人の者を勧誘して、さらに、この二人の者が、同じく二人ずつを勧誘して加入させていく。同様の方法で、加入者を無限に拡大させていく仕組みになっている。

ねずみ講は、加入者の無限の増加が成立の絶対条件となる。しかし、加入者が無限に増加することはあり得ない。一人が二人の会員を勧誘しても、二七代目には日本の人口を超え、計算上必ず破綻するとされている。つまり「会員が増え続けること」は成立せず、「破綻が避けられない商法」と位置付けられているのだ。そのため、法律で全面的に禁止されている。

†無限連鎖講防止法制定の背景

無限連鎖講防止法は一九七八年に制定、翌年に施行された。ねずみ講が全国的に横行、被害者が急増し、社会問題を引き起こしたことが背景にある。

同法制定のきっかけの一つになった、「天下一家の会事件」と呼ばれる事件がある。「天下一家の会・第一相互経済研究所」(熊本市)は、「一〇万円が五〇〇〇万円に」などと宣伝し、会員を募り、全国的に会員を増やした。しかし、最終的には行き詰まり、一九八〇年に破綻。故内村健一会長は七二年、脱税容疑で熊本地検に逮捕され、有罪が確定した。

天下一家の会の被害を伝える毎日新聞の報道によると、被害は約一〇二万件、約一九〇〇億円に上るともされている。高度経済成長期の最中、一攫千金を夢見た国民が次々と被害に遭った。一九七一年には、のちに日本音楽著作権協会の名誉会長も務めた作曲家の故・船村徹氏が、演歌調の曲を提供し「弱ったな、金もうけの道具に使われていたとは知らなかった」という言葉も紹介している。

当時、ねずみ講を取り締まる法律はなく、故内村会長は、脱税容疑での逮捕に至った。事件を契機に、無限連鎖講防止法が制定され、全面的にねずみ講が禁止されることになる。

その後、国債を用いたねずみ講が問題視され、同法は八八年に改正。「財産権を表彰する証券又は証書」の一文が入り、金銭以外でも刑事罰の対象になることが加えられた。

†脱法マルチ

特商法で、マルチ商法には厳しい規制がかけられているが、規制を逃れる「脱法マルチ」も後を絶たない。近年では、新しい形態のマルチ商法が次々誕生し、消費者との新たなトラブルや、行政機関とのいたちごっこを生んでいる。

「モノなしマルチ」もその一つだ。従来のマルチ商法は、健康食品や食品、美容用品など「モノ」を取り扱っていた。しかし、モノなしマルチは、暗号資産、仮想通貨といったサービスや副業に対し、人を勧誘して報酬が還元されるのが特徴だ。名前の通り「モノ」を取り扱わない。

モノなしマルチは、事業者の実態や、儲け話の仕組みが不透明だ。消費者側が事業者に対し、解約や、返金を求めても、交渉が難しいケースも多くみられるという。

消費者庁は、二〇一九年「友だちから誘われても断れますか？　若者に広がる「モノなしマルチ商法」に注意！」と題した報告書の中で、モノなしマルチの相談件数を公表。二〇一七年度の「マルチ商法の商品・役務等別の相談件数」一万一九六四件のうち六二六七件、一八年度の一万五二六件のうち五四九〇件の相談が寄せられ、従来のマルチより、モノなしマルチの相談が増えている実情に警鐘を鳴らした。

また実際は、マルチ商法だが、紹介料の説明などを事前に一切しない「後出しマルチ」も横行している。規制を逃れようとする典型的な手法の一つだ。

後出しマルチの場合、業者は契約時、マルチ商法であることを意図的に隠し、商品やサービスを販売する。契約後に、報酬プランや仕組みを説明する。そのため消費者は投資を回収できず、負債を背負うというものになっている。

後出しマルチの例を説明したい。勧誘者と業者から「先物取引で必ず成功する。必勝法が入っている」と説明を受け、消費者は一〇〇万円でＤＶＤを購入。しかしＤＶＤの中身は、ただの先物取引の一般的な説明だった。消費者側が説明を求めたところ「人にＤＶＤを買わせれば、一人三〇万円もらえる」などと説明し、実際のスキームを明かす――といったものだ。

この場合、業者や勧誘者はあくまで「マルチ商法ではない」と主張するケースが多い。先述したが、特商法では、「販売員になり、さらに自らが販売員を勧誘することで紹介料が得られる」などといった事前の「特定利益の誘因」がマルチ商法に当たるとされている。つまり、後出しマルチの場合、契約時には特定利益の誘因がされていないため、現行法上では、こういったケースをマルチ商法と見なすことが難しい。特商法で、取り締まることが極めて困難なのだ。消費者側が民事訴訟を起こし、実際に裁判で争う例も起きている。

マルチ商法は一九七〇年ごろから日本に入り、その後爆発的に浸透したとされる。消費者被害が後を絶たず、一九七六年、特商法の前身となる訪問販売等に関する法律（訪問販売法）が制定された。マルチ商法に限らず、消費者被害が発生した悪質商法は数知れず、そのたびに法律が制定されてきた。

先述したねずみ講は、一九七八年に無限連鎖講防止法が制定され、全面禁止になった。

顧客に売ったUSBメモリーや健康グッズなどの商品をそのまま事業者が預かり、別の人へのレンタル料金や市場での運用益による配当を顧客に約束する「預託商法」は、一九八〇年代に豊田商事事件などで社会問題化し、八六年に対策として特定商品等の預託等取引契約に関する法律（特定商品預託法）が制定された。

ただ、預託法では、商品の指定が必要で、ある商品を規制対象に指定しても、指定外の商品が使われ、またその商品を指定する――という、いたちごっこが続いていた。磁気健康器具の販売預託商法で顧客から現金をだまし取っていた「ジャパンライフ問題」で、再び表面化。二〇二一年に改正預託法が成立し、原則禁止とされた。

このように消費者被害を生んできた商法は、紆余曲折ありながらも、法規制で行為自体が禁止になってきた経緯がある。

†国会での議論

一方、トラブルが絶えず、常に行政機関も注意喚起しているマルチ商法はなぜ合法なのか。過去の国会でも、やり取りが繰り広げられてきた。

訪問販売法が制定されようとしていた当時、国会でも「三大マルチ」と名指しで批判されていた業者がある。「ホリディマジック」「APOジャパン」「ジェッカーチェーン」の三社である。消費者グループで、今も悪徳商法の問題の追及を続けている「悪徳商法被害者対策委員会」は、三社の被害者が集まり、七五年に結成された。

APOジャパンは、自動車エンジン販売会社。会社員、主婦、高齢者まで世代を問わず巻き込み、全国で約二五万人の被害者を生んだとされている。催眠商法（SF商法）の先駆けとなる人間も経営に関与し、強引なセールスもしていた。七五年、会員の高校生が借金をして、返済に苦慮して自殺し、世間から大きなバッシングを浴びた。

ジェッカーチェーンは、先述したジャパンライフの事実上の前身会社である。山口隆祥氏が社長を務め、クロレラや高麗人参茶などの健康関連食品を売りに売りまくった。山口社長は、一九歳で電話回転台の行商として独立し、七一年に同社を起こした。一〇〇〇を超える加盟店を抱える企業に成長したが、多数の被害者を生み、七六年に約四〇億円の負債を抱え経営破綻した。

ホリディマジック社は、米国発祥の化粧品販売会社。当時の毎日新聞などによると、原価率が低い商品を四ランクの販売員に売らせた。「ホリディガール」と呼ばれた最下層の販売員は、化粧品を三〇パーセント引きで購入。紹介者を「親」とし、上位層に上がるためには、親に金銭を払い、さらに後任の販売員を勧誘するなどの義務が課せられた。最上位になれば、会社から手数料が入る仕組みで、販売は二の次、会員探しに奔走する人であふれた。セールスマン育成のため激しい研修を取り入れていた。

この三社の代表者・関係者が一同に集まり、国会で質問を受けたのが、一九七五年の「第七五回国会　衆議院　物価問題等に関する特別委員会　第一〇号」である。当時、マルチ商法を規制する法律はなく、被害者は泣き寝入りするしかなかった。ホリディマジックに至っては、米国で法規制がかかっていた中で、無法状態の日本で活動していた。相次ぐ消費者被害を受け、政府もマルチ商法の規制に乗り出した。

†マルチ商法はなぜ禁止されなかったのか

当時、まだ消費者庁は存在せず、所管省庁は通商産業省（現・経済産業省）だった。マルチ商法はなぜ禁止に至らず、法規制にとどまったのか。そのヒントが、訪問販売法を制定するために開かれた一九七六年の「第七七回国会　衆議院　商工委員会　第一二号」での答弁にある。

質問者は当時社会党の竹村幸雄衆院議員で、政府に対し、法案の基本的な考えを問いただした。

そもそも連鎖販売、マルチ商法というのは、御存じのように、論理的には必ず行き詰まる性質を持っておるわけでありまして、少数の利益を受ける者が大多数の犠牲の上に成り立つ商法であり、好ましからざるものであることは明らかでありますが、政府はどのような評価に立ってこの法案を立案したのか。先ほどからも申しております ように、連鎖販売、マルチ商法は禁止の方向で措置すべきではなかろうかというふうに思うわけであります。

この質問に答えたのが、当時の通商産業審議官・天谷直弘氏だ。天谷氏は答弁でこう説明した。

エー・ピー・オー・ジャパンであるとか、あるいはホリデイマジックとかいうような、社会的に大きな害悪を流したマルチにつきましては、だれしもこれを犯罪として禁止してしまうということは非常にわかりやすくて、われわれも実はそうしたいと考えたわけでございます。

つまり、政府も当初、マルチ商法自体を禁止にしたかったというメッセージが読み取れる。しかし、その後に続く発言に、マルチ商法を巡る複雑な問題が垣間見える。

ただ、問題は、われわれもその方向で一たん考えたわけでございますけれども、法律的に禁止する、犯罪として禁止して刑罰をかけるということになりますと、罪刑法定主義のたてまえからいきましても、処罰の対象をきわめて明確に法律で定めるという必要が当然出てまいります。これは法治国としてあたりまえの考え方であろうかと存じます。そういたしますと、きわめて明瞭にあしきマルチの定義ができなければならないわけでございますが、そういうふうに定義しようといたしますと、かける網がきわめて小さい網ということになってしまうわけでございます。

ここでポイントになるのが、罪刑法定主義という考え方だ。罪刑法定主義とは、どのような行為が犯罪で、その犯罪にどのような刑罰が科せられるか。犯罪と刑罰の具体的内容があらかじめ定められていなければならない、という刑法上の大原則だ。

天谷審議官は、マルチは変幻自在で不定形であると指摘。さらに各国の法的規制について、脱法に習熟している企業が多いと強調した。そのうえで「小さい網をかけた場合には、なるほど網にかかった部分だけは犯罪として処罰できますけれども、多くの部分が網から逃げてしまう」と説明した。「がんを半分しか摘出しなくて、残りのがんは全部転移してしまうというような危険性がございます」とも述べた。

仮にマルチ商法を禁止にしても、形態がさまざまで、何をもって「マルチ商法」とするか、定義することが難しい。国が一方的にある形態をマルチ商法と定め禁止しても、それに該当しないマルチ商法が誕生した場合、対応できない――という趣旨の発言だった。マルチ商法を禁止にするより、勧誘が不公正なものを規制することで、実質的に悪質なマルチを禁止することができる、という狙いがあったのだ。

その結果、訪問販売法が制定されるに至った。しかし、罪刑法定主義の観点から、マルチ商法自体は合法と認められた。認めるしかなかったのかもしれない。

✝公正なマルチ？

一方で、当初は無法状態だったが、業者の氏名・名称、商品の種類などの明示、契約時の書面交付の義務づけなどの規制がかかり、二〇〇〇年には、名称が特商法に変更。従来は二万円以上とされていた特定負担を一円以上でも認め、商品だけでなくサービスを含む役務も適用対象にするなど改正が重ねられ、現在の特商法の形になった。

訪問販売法の法案審議で、参考人として出席した竹内昭夫東大教授（故人）は、国会答弁（第七七回国会 衆議院 商工委員会 第二二号、一九七六年）でこのような言葉を残している。

公正なマルチ商法というものは一体あるのだろうか。それは安全な。ペスト、無害なコレラと言うに等しいものではないかと思われるわけであります。……マルチを公正なものにして残すという考え方ではなしに、マルチに対して公正であることを求めればマルチは必ずなくなるはずだという考え方に立っているのが、この法律の考え方であります。そういう精神に従ってこの法律の運用をしていただきたいというふうに思うわけであります。（原文ママ）

マルチ商法を禁止にするのは難しく、政府は規制をかけることで、被害の拡大を防ごうとした。一方で、独立行政法人「国民生活センター」によると、二〇一八～二〇年度に寄せられたマルチ商法に関する相談は、毎年度一万件を超えている。行政機関はマルチ商法に関する注意喚起をしているが、今も一向に減少の傾向はみえない。

後述するが、事業家集団は、もともとマルチ業者の会員だったメンバーが脱退し、自ら組織を立ち上げて活動している。組織の元構成員は「合法、違法の有無にかかわらず、マルチ商法には何かしら共通点がある。それは時代が変化しても変わらない。界隈に身を置いた人は、マルチで学んだスキームを発展させ、新しい商売に乗り出す人間もいる」と明かす。事業家集団を離脱したメンバーの中にも、組織にいたころと似たような手法で事業を展開している人間がいる、という情報もある。

APOジャパンで幹部を務めていた波和二氏は、七八年、麦飯石を産出する山の共同所有を、薬局店主らに持ちかけた詐欺容疑で逮捕。約一〇年後、表舞台に再登場し、健康寝具販売会社「エル・アンド・ジー（L&G）」を立ち上げたが、独自の電子マネー「円天」を使った巨額詐欺事件で、組織犯罪処罰法違反（組織的詐欺）の罪で、二〇一二年に実刑が確定した。

ジェッカーチェーンの山口氏は、同社が経営破綻後、七五年にジャパンライフを設立した。韓国への進出を図り、九〇年代前半にマルチ商法として同国で、社会問題を引き起こした。二〇〇三年ごろから磁気ネックレスなどの販売預託商法を展開し、顧客から現金をだまし取ったとして、詐欺罪に問われた。

事業家集団は、マルチ業者の会員時代から、人材開発会社のA社と懇意にし、会員・構成員をA社のセミナーに参加させているという複数の証言が寄せられている。取材に応じたほぼすべての元構成員が、A社のセミナーに参加したと証言した。元構成員の一人は「セミナーの参加は、洗脳の一環だ」と説明する。

時事通信や、ジャーナリストの藤倉善郎氏が総裁を務める「やや日刊カルト新聞」によると、事業家集団のトップと指摘されるYや最高幹部のMがまだマルチ企業の傘下にいた時、Yらの会員だった男性が、A社のセミナー中に死亡する事故が発生したことが報道されている。関係者によると、その後、A社は名称を変えたが、マルチ企業から離反したYらとの関係が続いているという。

YとMが当時運営していた会社のホームページ（現在は削除）を見ると、トップページにA社が「提携企業」として記されている。セミナーの申し込み先として、A社の質問表や各セミナーのコースの概要も紹介されていた。

近年は、マルチ商法と自己啓発セミナーとの親和性を指摘する声も上がる。A社の研修講師陣には、ある外国人男性の名前が連なり、数年前にも国内で講演会をしたことが確認できる。A社の二〇〇五年前後のホームページ上では、その男性について「能力開発の父」「驚異的なリーダー」と紹介されている。そして会社が提供するセミナーのコースを「日本に持ち込んだ」「源流を提供された」とも言及されていた。

ジャーナリストの斎藤貴男氏の著書『カルト資本主義』や、やや日刊カルト新聞などによると、その外国人男性はもともと、ホリディマジックで会員の教育係を務めていた。その後、日本初とも言われている自己啓発セミナーの会社を設立。外国人男性は、催眠商法の原型ともされるセールスをしていたAPOジャパンの幹部との関係も指摘されている。界隈に住む人間は、どこかでつながっている。

第三章

被害の実例

†成人を境に増える被害

成人年齢を一八歳に引き下げる改正民法が二〇二二年四月一日から施行された。若者の社会参加を促すのが狙いにあり、親の同意がなくてもローンなどの契約が結べるようになった。

これまで、未成年者が親の同意を得ずに契約した場合には、原則契約を取り消すことができる「未成年者取消権」があった。ただ、民法の改正に伴い「一八歳成人」については未成年者取消権が消滅してしまった。

未成年者取消権には、受け取った商品やサービスは返還する必要があるが、一部を消費していたとしても、残りを返還すれば問題なく、代金の支払義務がなくなる、未成年者が支払った代金は返還請求ができる――といった救済や、予防に絶大な効果があるとされてきた。

消費者被害は二〇歳を境に、急激に増えることがデータでも示されている。国民生活センターによると、全国の消費生活センターなどに寄せられた二〇二〇年度の二〇～二四歳からの相談件数は平均九三五七件で、一八、一九歳（同五六九〇件）の約一・六倍だった。

未成年者取消権には、悪質業者を寄せ付けない、いわば「防波堤」のような効果も存在していた。

成人に仲間入りする一八、一九歳は、大学生や社会人として新生活がスタートするタイミングと重なる。未熟さにつけこまれ、消費者被害に遭うのではないか、との見方は引き下げを巡る議論の中でも繰り返し示されてきた。国会でも民法改正時の付帯決議で、若者の消費者被害を防止し、救済を図る法整備が求められてきた。

こうした指摘を受け、不当な勧誘や契約から消費者を守るルールを定めた消費者契約法が一八年に改正された。社会経験が乏しい若者らの保護を念頭に、過度な不安をあおられたり、恋愛感情を悪用されたり、霊感商法で不安をあおられたりして結ばされた契約は取り消せるとした。

加えて、政府は二〇二二年の通常国会にも同法改正案を提出した。退去困難な場所に連れて行って勧誘するような場合などの取消権を追加した。定額課金サービス「サブスクリプション」のトラブルが増えていることも踏まえ、解約に必要な情報提供を事業者に求める努力義務も盛り込まれた。

ただ一八、一九歳の消費者トラブルが増加する懸念は拭いきれない。組織ぐるみの「マインドコントロール」により、商品の購入や何らかの契約が生じている場合は、そもそも当事者が合理的な判断力を失っているケースが少なくない。他者の介入を証明するハードルが高く、自らの判断で購入・契約したとみなされてしまうこともある。

この章では、事業家集団の罠にはまった当事者二人と、組織に息子が加入している二人の母親の苦悩、加えて、消費者救済や旧統一教会問題にも詳しい紀藤正樹弁護士（リンク総合法律事務所）のインタビューを紹介する。一八、一九歳に限らず、なぜ若者はマルチに魅入られるのか。それぞれの事例から考えたい。

†三〇代の元構成員

軽い気持ちだった――。東京都内の三〇代男性は、「事業家集団」の構成員として活動した二年間を振り返った。

足を踏み入れる前、疑う気持ちはあったものの、「おかしいと感じたら、いつでも抜け出せばいい」とも思った。この判断は誤っていた。「授業料」と割りきるには高すぎる代償となった。

学生時代の友人から、経営セミナーに誘われたのがきっかけだった。セミナーでは、自らの夢や年収を定め、一緒にがんばる「仲間」を作ることを勧められた。登壇者は「勧誘」という言葉は使わず、「友達作り」と表現し、駅前など街中で声かけをして活動の輪を広げることが重要だと説いた。マイクを手に、息継ぎも忘れて「友達作り」の魅力を訴える参加者。発言のたびに歓声や拍手が上がった。

セミナーでは、経営の「師匠」の下、五〇人の友達を作ると自分も店舗オーナーになることができ、年収が飛躍的に上がると聞かされた。活動に、高額な費用はかからないとの説明もあった。

詐欺、ネズミ講、悪徳商法、新興宗教……。さまざまな「負」の可能性が浮かんだ。それでも「おかしな団体だったら、いい話のネタになる。もしかしたら、本当に経営を学べるかもしれない」という気持ちが勝った。

男性は、一〇回ほどセミナーを受講。「結果の原因はすべて自分にある。自分が源だ」「人生の幸福度を決めるのは四つ。金、時間の自由、仲間、健康だ」などと繰り返し聞くうちに、「そのとおりかも」と意識するようになった。

友人から紹介され、男性師匠との面会がかなった。東京都内でオーガニックの食品や美容用品を扱う店舗を経営するという師匠について、「どこからでも金を生み出せる人」と聞かされていた。

師匠は、真っすぐ男性の目を見ながら言い切った。

「成功したいなら、一緒に活動するしかないよ」

力強く、説得力があった。この日以降、男性は組織の活動にこれまで以上に時間を使うようになった。

師匠には、一日の行動を毎日、報告するようにと言われていた。「友達作り」として街中で声をかけた人の名前や年齢、職業、連絡先を伝えるのが義務だった。「事業家集団」には、師匠の考えを間近で拝聴して学ぶ「つるみ」というしきたりがある。深夜の居酒屋など、仲間とともに師匠に付き従った。

しかし、「友達作り」はうまくいかなかった。師匠に相談すると、「集中できていないのでは。成功したいのなら、もっと真剣に取り組まなければいけない。シェアハウスに住んだほうがいい。仲間もいるから」と、仲間と共同生活するシェアハウスへの入居と転職を勧められた。東京、大阪には同様の拠点が複数あり、仲間が多数生活しているという。

†師匠を裏切れない

男性は勤めていた会社を辞めた。仕事の時間や休みを自分で決められるよう、フリーランスとして働くことにし、JR山手線の駅からほど近いシェアハウスに引っ越した。セミナーで何度も、職場と自宅が近い「職住近接」がいいと聞いていたため、迷いはなかった。

記者は「このとき、引き返すことができたのではないか」と聞いてみた。「シェアハウスに入ることで、師匠の近くに住め、仲間から刺激をもらうことができると思った。「友達作り」の結果が芳しくなく、そのほうがいいと思った」と男性は振り返った。

美容用品やサプリメント（毎日新聞社提供）

シェアハウスに入ってから約三カ月後。師匠から突然、店に呼び出された。

ある会社の美容用品を毎月一五万円分、購入するよう求められた。師匠は自己投資と説明し「月収一〇〇万円を目指すなら、一〇～二〇パーセント分の投資が必要」「経営者になれば、数千万～億の投資を即決しなければいけない」と現金での購入を迫った。

名前を聞いたこともない商品だったが、師匠は成分や効果について力説し、褒めちぎった。仲間も男性を囲み、師匠の言葉にひたすら相づちを打った。さすがに悩んだが、師匠を裏切れなかった。

毎月下旬、現金一五万円と引き換えに、美容用品を受け取った。師匠の店舗に受け取りにいく形式で、スーツケースを使って運ぶ仲間もいた。毎月、商品を購入したものの使い道はなく、段ボール箱がどんどん積み上がっていった。

初めて商品を購入したあと、男性に変化があった。組織の限定セミナーへの参加を許されたのだ。

組織幹部が商品購入を初めて「達成」したメンバーをねぎらってくれた。参加者が次々と壇上に上がり、抱負を語る。男性の番が回ってきた。

「師匠に食らいつき、歯を食いしばって達成できました。来年中には、店舗経営者になります」

一〇〇人の前でそう宣言すると、大きな拍手が湧き起こった。全身に鳥肌が立った。これほどまで満たされた経験は、これまでになかった。

一方、生活は苦しくなった。毎月一五万円分の商品購入のほか、参加費がかかる勉強会やセミナーも頻繁にあった。

それに「オンラインサロン」が加わった。選ばれたメンバーしか入れないといい、運転免許証を提示して顔写真や住所を登録することが条件だった。ただ、組織のトップとされ「カリスマ」「トレーナー」と呼ばれる男性の「格言」や、他のメンバーの活動実績が紹介されるだけだった。

†一日一食の生活

サロンに登録したことで、毎月、関東と関西で数日間開かれ、構成員数千人が集まる「全国会議」に参加できるようになった。組織が手配したバスに構成員が乗り込み、何台も連なって大移動した。交通費と宿泊費として一万数千円が必要だった。

転職で収入が減ったこともあり、数百万円あった貯金は一年半でなくなった。食費にも窮し、食べられるのは一日一食。安売り時にスーパーで買い込んだパスタをゆでた。ソースを買う余裕はない。ケチャップなどの調味料をかけて、ただ口に押し込んだ。

金銭だけでなく、ほとんどの時間を「事業家集団」の活動に費やした。街中で声をかける「友達作り」は「現場」と称され、週七日間通った。

終了後は毎日、師匠との「つるみ」を経て、シェアハウスで仲間と打ち合わせをした。

寝るのは深夜三時ごろになり、睡眠は常に数時間。栄養不足と睡眠不足で、倒れたこともあった。

それでも、活動をやめようとは思わなかった。師匠の言葉を信じてついていけば、いつか必ず夢がかなうと信じ切っていた。同じようにがんばっている仲間を裏切ることもできなかった。

親には活動のことは話していなかったが、何かを察したのか、近況を尋ねる連絡が頻繁に届いた。

「経営者になるために学んでいる。大丈夫」

返信はいつも言葉少なになった。

†シェアハウスで一人

貯金が底を突いたあと、消費者金融で限度額いっぱいの五〇万円を借りた。しかしそれもすぐになくなり、勉強会の参加費さえ出せなくなった。仲間に打ち明けると「そんな基準（＝組織内で夢の実現に向けて自分で設ける活動目標）で成功できるはずがない」と罵倒された。

・「いい居酒屋知らない？」などと声をかけ、連絡先を交換 ・バーベキューなど「友達作り」と見せかけ、次第にセミナーや勉強会へ勧誘	勧誘目的を隠す
・「師匠」の経営する店舗で月15万円分の美容用品の購入を持ちかける	特定負担の発生
・同様の声かけを推奨。勧誘した構成員が商品を購入した場合、1.5万円分をポイント還元	特定利益の提示
・構成員に転職や仲間と共同生活するシェアハウス入居を勧める	契約解除を妨げるため威圧

事業家集団の手口

仲間がみんな、全国会議に参加するため出かけてしまったある日。静まりかえったシェアハウスで、一人の時間を過ごすのはかなり久しぶりなことに気づいた。

ふと、スマートフォンでこれまで活動してきたことや、師匠から言われたことを検索してみた。

「誘いに乗らないで」

「新たなマルチ」

「カルト集団」

注意喚起が次々に目に飛び込んだ。

組織を抜けた元構成員のブログでは、「事業家集団」の実態が事細かに明かされていた。一気に血の気が引いた。親に助けを求め、その日のうちに一年間暮らしたシェアハウスから実家に逃げ帰った。

シェアハウスを抜け出してから一年。男性は現在、契約社員として働いている。自分が「友達作り」で声をかけたことで、「組織の被害者を生んだかもしれない」と今も悩んでいる。

「最後まで、おかしいと思わなかったのか」と記者が質問すると、男性は一瞬、迷うそぶりをみせ、声を落として答えた。

「冷静に考えれば、おかしなことばかりだ。当時は「師匠の言うことは絶対」と信じ込んでいた。成功するために必要なことだと信じるだけで、自分で考えようとはしなかった」

仲間と一緒に流され、貴重な時間、職業、全財産を失った男性は、こう呼び掛ける。

「同じような後悔をしてほしくない。立ち止まって、よく考えてほしい」

†二〇代の元構成員

居場所が欲しかった。二〇代の男性元構成員は、約一年間組織で「友達作り」に邁進した。

社会に出たばかりのとき、組織に出会い、構成員になった。正体を明かさないで、街中や合コンなどで勧誘活動に没頭した。職場や将来への不安が募る中、組織だけが心の拠り所だった。

今はその選択が誤りだったとわかる。しかし、当時はそんなこともわからなかった。

関東地方で育った男性は、そのまま実家から通える私立大を卒業。医療関係の仕事に就職した。仕事関係で知り合った女性から、テレビでもよく見る有名タレントや、芸能人が参加するイベントに誘われた。女性は組織の一員だった。

千葉県内の大規模会場で開催されたイベントには、数千人が集まっていた。壇上の著名人の呼び掛けに、会場は異様な盛り上がりをみせていた。男性も純粋にイベントを楽しんだ。イベントの開催には組織が深く関わっていたが、当時は知る由もなかった。

その後、飲み会やバーベキューなどのイベントに頻繁に参加するようになり、徐々に組織の人間と本格的に絡むようになった。男性は実家で暮らしていたが、一人暮らしを始め、組織が推奨する毎月一五万円の「自己投資」を開始。自らも勧誘活動に乗り出した。

なぜ組織への依存から抜け出せなかったのか。男性は「自分のすべてを肯定してくれる場所が組織だった」と声を落とした。

組織と出会ったとき、男性は社会人二年目だった。新卒で入社した職場では、話がかみ合わない同僚が多く、仕事に自分の意見も反映されなかった。職場を仕切る「お局」もいて、挨拶も無視された。休憩時間や飲み会では仕事の愚痴を聞かされ、フラストレーションがたまる毎日だった。

反面、組織の人間は違った。何を話しても馬鹿にせず、真剣に聞いてくれた。全員がうなずき、自分の存在を肯定してくれた。職場は「お堅い人間」が多かったが、組織の人間は夢や目標を全員が掲げ、いつもプラス思考で明るかった。

「かなり早い段階で洗脳され、とにかく人に会いまくって連絡先を交換しまくった。師匠から「やれ」と言われたことはそのまま実践した」

男性はそう振り返る。月一五万円を捻出するためには、給料だけでは到底足りない。あらゆる小銭稼ぎにも手を出した。しかし、そんなうまくは転ばない。負債はたまっていく一方だった。判断能力を完全に失っていた。

組織の活動に熱中し、生活資金が尽きたときがあった。預貯金も一切なくなり、月一五万円の自己投資が達成できなかった。そのときはグループ内で村八分のような扱いを受けた。師匠からは冷たくあしらわれ、セミナーへの参加も許されなかった。

男性は「居心地がよく、ここだけが自分の居場所と信じていた。居場所を失うわけにはいかないと、とにかく一五万円を捻出することだけを考え、軽い鬱状態にもなった」と当時を振り返る。

将来への不安もあった。私立大の学費は奨学金を利用せず、親が工面してくれた。早く親孝行をしたかった。ただ、職場の手取りは二〇万円ほど。決して低いわけではないが、昇給のスピードは遅く、不満が募っていた。

男性が師事した「師匠」は常にヴィトンなどのブランド品を手にし、高級外車を乗り回していた。月四～五回は国内外に旅行もしていた。都内の一等地に居を構えており、はたから見たら「成功している人」だと思った。組織で活動したら、師匠のようになれると信じていた。

男性は結局、約一年間の活動で一五〇万～二〇〇万円を失った。明日の生活にも行き詰まった時、初めて組織への反感を覚え、グループから抜け出した。

男性は組織から抜け出す方法が、大きく二つあると考えている。一つは自分の身を案じ、話を聞いてくれる人がそばにいること。

男性にとって、それは勧誘で知り合った年上の人間だった。その人は男性にお金がないことを悟り、定期的に食事に連れていってくれた。詳しい事情は聞かずとも、くだらない話に耳を傾けてくれた。あとから聞いた話によると、その人は男性のことを事業家集団の構成員だと見抜いていたらしい。「否定も肯定もせず、ただ話を聞いてくれた。鬱状態になったときも、その人の顔が一番に浮かんだ。本当に助けられた」

二つ目は、全財産を失ったときだ。

多少預貯金や資産があっても、月一五万円の支払いを続けるのは無理がある。中には、消費者金融で多額の借金をする構成員もいるが、それも限界がある。組織からしても、月一五万の「ノルマ」が達成できない構成員は、価値がない。

男性は「自分の周りで辞めた人間は、ほとんどが二番目のケース。基本的に組織に入っている人間には、どんな説得の言葉も通じない。無一文にならないと、自分の愚かさに気づかない。無一文になれば、自然と気づく」と声を落とす。

男性は組織を抜けたあと、組織の成り立ちや勧誘の手法、師匠から言われた言葉、マインドコントロールに至るまでの組織でのやり取りなどを振り返り、自分なりに調べてみた。驚くことに、オウム真理教や安倍晋三元首相の射殺事件を契機に、再び話題になった旧統一教会のそれと酷似していた。

男性は重い口を開き、若者にこう注意喚起する。「夢を叶えるため、金持ちになるため組織に入ったはずなのに、活動中は一五万円を支払うことしか頭になかった。組織にそうさせられていた。特定の一部の意見しか聞かない人間であってはならない。あらゆる人の意見を聞いて、自分で考える人間でないとつけ込まれてしまう」

育て方が悪かったのだろうか……。

†息子が事業家集団に

関西地方に住む女性は、二〇代の息子が「事業家集団」の構成員として活動していることを知って以来、自分を責め続けている。息子は親の忠告に耳を傾けようとはしない。成人が自らの意思で参加しているかぎり、連れ戻す手段はない。

息子は大学卒業後、大阪府内の会社に就職した。一人暮らしを始め、「福利厚生が充実していて働きやすい」と満足そうだった。

息子の変化に気づいたのは、新型コロナウイルスの感染が国内でも広がり始めたころだった。落ち着きなく誰かと電話したり、スマートフォンをいじったりする時間が長くなった。

息子はよく実家に顔を出したが、会うたびに様子はおかしくなっていた。生気がなく、会話が続かない。食事を済ませると、すぐに部屋に籠もってしまう。

「仕事、そんなに忙しいの?」

心配になって尋ねると、驚きの返事があった。

「会社は辞めた。事業を起こすため、仲間たちとがんばっている」

突然の告白に、言葉を失いかけた。しかし、黙っているわけにはいかない。どんな事業なのか、どうがんばっているのか――。

質問を重ねた。息子の口から出てくるのは、要領を得ない言葉ばかりだ。つい問いただしてしまうと、あからさまに機嫌が悪くなり、「うるさいな。もう大人なんだから、ほっといてくれ」。部屋に逃げ込んでしまった。

†冷めるのを待つしかない

電話、LINE、顔を見るたび、何度も尋ねてみた。なんとか答えを聞きたいとの願いは届かず、息子からはまったく返事がなかった。不安を抑えきれず、インターネットで検索してみた。転職、睡眠不足、時間に追われる……。

息子の変化を検索サイトに打ち込むと、あるツイートを発見した。マルチ商法の疑いがある組織「事業家集団」元構成員が注意を促すために作成したアカウントだった。

読み進めると、特徴がすべて息子に当てはまった。ある会社の美容用品を毎月一五万円分購入するという「自己投資」も息子から聞いていた。「何かがおかしい」と思っていたことばかりだったが、確信に変わった。

二〇二一年の春、息子からLINEのメッセージが届いた。「事業のため資金が必要だから、お金を貸してほしい」という。思い切って、尋ねてみた。

「事業家集団に入っているんでしょう。それは違法なマルチ商法。いますぐやめなさい」

息子は否定せず、金銭の要求を続けた。メッセージのやり取りは続いたが、会話が交わされることはなかった。

元構成員にダイレクトメッセージを送り、助言を願った。元構成員は「一度お金を渡すと、歯止めが利かなくなる。やめたほうが息子さんのためだ」とアドバイスしてくれた。ただ、息子がヤミ金業者から借りたり、犯罪に手を染めたりすることだけは避けたかった。

「今回だけだよ」

数十万円を手渡した。しかしその後も、息子からの金の無心は続いた。

息子が住んでいるところが気になり、最寄り駅に降りた。元構成員によると、「事業家集団」の活動拠点はシェアハウスだという。

シェアハウスに住んでいたら、息子がマルチ商法の疑いがある組織に入っていることを認めることになる。他の構成員に見とがめられたり、息子が意固地になったりするのも怖かった。住所までは足を向けられなかった。

帰り道、駅近くの喫茶店に入った。コーヒーを待つ間、隣の席の会話が耳に入った。マルチ商品の勧誘をしているようにしか聞こえなかった。思わず、話しかけている若者を問いただそうと声のほうを向いた瞬間、その顔が息子と重なった。

「もしかしたら、息子も勧誘側なのかもしれない」

その疑いは頭から離れず、コーヒーはまったく味がしなかった。

息子は今でも、たびたび実家を訪れる。食事をすると、わずかな睡眠の後にまた出ていく。「無理やり引き留めると、二度と戻ってこないのでは」と心配し、見守ることしかできない。

昔と同じように熟睡する子どもの寝顔を見つめ、帰る場所を守ってやろうと思う。「親として何もしてやれないのは歯がゆいが、冷めるのを待つしかない」

†マルチ商法じゃないから安心して

関西地方に住む四〇代の母親は、就職をきっかけに東京で一人暮らしを始めた二〇代の息子の身を毎日案じている。息子は組織に入り、活動に没頭しているとみられる。

母親は息子に対し、親孝行も高給取りになることも求めていなかった。今はただ、家族と過ごしていたときの息子に戻ってほしい。母親はそれ以外、何も望んでいない。

息子が就職するまでは、家族はいつも一緒だった。関西地方で生まれ育ち、大学も自宅から通える国公立大に進学した。大学では、中学時代から始めた球技スポーツを続けた。体育会に所属し、精力的に活動していた。

新型コロナウイルス感染症が社会に蔓延し始めた二〇二〇年春、息子は社会人になった。東京のベンチャー企業に就職が決まり、初めて親元から離れることになった。東京には地縁もなければ、知人もいない。

息子の船出は正直不安だった。だが、息子はもう子どもじゃない。母親は言葉を押し殺して、「行ってきます」と実家を出る息子の背中を見送った。

ただ、息子は東京での生活に、悪戦苦闘しているように見えた。月数回は必ず実家に帰省し、家族に顔を見せた。新型コロナも重なり、東京での生活が寂しかったのだろうか。毎回とりとめのない会話をすると、再び東京に戻った。

就職したばかりだったが、社会情勢を踏まえ、在宅勤務も多かったようだ。

「関西におっても、在宅勤務してたら分からへんよな」。帰省したまま東京に戻らず、実家でリモートワークをするときもあった。

歯車が狂い始めたのは、息子が社会人になり一年目の秋だった。誕生日や記念日でもないのに、家族らに大量のサプリメントや、化粧品を頻繁にプレゼントするようになった。聞いたことがない美容用品会社の商品だった。

一抹の不安を抱き、息子に問いただした。すると息子は「マルチ商法じゃないから安心して。成功するのは一握りの有能な人だけ。だけど誰でも必ず成功するやり方を今学んでいる。だから二年待って」と答えた。しかし、具体的な説明は何もなかった。

†小分けのサプリメントを口に

仲間とシェアハウスに住み、共同生活を始めると打ち明けられたのは、同じタイミングだった。母親は「一人でいる時間は必要だから考え直して」と訴えた。

しかし、息子は頑として譲らなかった。息子からは「志が高い人が集まり、シェアハウスをする。最近は毎日ワクワクしてしょうがない」と押し切られた。

息子はベンチャー企業も退社した。「お世話になっている人」に紹介してもらったという企業に転職した。

実家に帰省する頻度もどんどん少なくなった。たまに連絡があると、息子の口からは同じ言葉が繰り返された。

「大切なのは仲間、仲間こそ財産、経営なんて少し学べば誰でもできる、仲間を増やすことが成功への道。二年後には大金持ちになるから」

あのときの息子の目は自信に満ち溢れていた。

息子の異常は火を見るより明らかだった。目は窪み、生気がない。空元気で、無駄にハイテンションで会話するようになった。

たまに実家に帰省しても、予定が詰まっており、ゆっくり一緒に食事をする時間すら取れず、バタバタとしているなか、サプリを頬張り出かけていく。パレットに例のサプリメントを小分けにして所持していて、それをひたすら口に運んでいた。大学では体育会に所属しており、がっちりした体格だったが、当時から一〇キロくらい痩せ細った息子が目の前にいた。

様子を見守るしかできなかったある日、息子から三〇〇万円近い借金があると相談があった。借金返済のため、息子は金銭援助を頼んできた。

使途や理由の説明を求めたが、一切明確な答えはなかった。驚き、呆れ、言葉が出なかった。息子とやり取りする中で、ある人材育成セミナーに高額を出し参加していることを知った。

セミナーを主催している団体をネットでたどると、ある組織と深い関わりがある可能性が浮かび上がった。組織は「事業家集団」「環境」「チーム」「アカデミー」などと呼ばれ、現在は街中で違法の疑いがある勧誘活動を繰り返し、美容用品を買わせているという。

組織が売っているシャンプーや、サプリメントを見て驚いた。息子が頻繁にプレゼントしてきた会社の商品だった。点と点がつながった瞬間だった。

息子は幼いときから、場を盛り上げるムードメーカーだった。友人が多く、仲間思いで、中高の学園祭では、友人の出番が近づくと盛り上げるために走り回っていた。小さいときは体が弱かったが、中学で球技系のスポーツを始めると、友人はさらに増えた。

性格は明るく、楽しいことや人が大好きだった。その反面、頑固で不器用な部分も垣間見えた。体調が悪くても友人との約束を断ることがないような子だった。

大学入学時、当初は部活動をしない予定だったが、親に黙りいつのまにか入部していた。そんな息子に対し、母親は「不器用だけど、友達思い。決めたことをやり抜く強さがある」と誇らしく思っていた。

†自己責任なのか

息子がどこでどのように勧誘され、組織に加入するに至ったのか。経緯は一切分からない。無理に問いただすと反発される恐れがあり、踏み込めないでいる。

近くの警察や行政機関にも直接相談に行った。いずれも良い回答は得られなかった。警察からは「犯罪ではないし……。二〇歳を超えているので、自己責任です」とあしらわれた。

息子には、定期的にLINEで連絡をとる。最近起きたニュースの話題も振るが、一切時事を把握していない。息子からは「ニュースなんか見ないほうがいい。情報操作されていて、切り取られている」と一蹴された。組織はニュースで時折話題になるが、どうやら知らないようだ。

当初は「二年後」に大金持ちになると語っていた息子のプランは、いつのまにか「三年後」に延期された。息子の身を毎日案じ、食事も喉を通らない。実家は決して裕福ではなかった。その反動で、組織に入ってしまったのではないかと、自分を責める日もある。

幼いころから体も弱く不器用で、母の服を引っ張り、そばから離れなかった息子が、手の届かない、声すら届かない世界へ行ってしまったと感じる。ハッと我に返ると、流れる涙。どのように戦えばいいのか、暗中模索の日々が続く。

あのとき、力ずくでも東京に帰さなかったら良かったのか。おかしいと感じたあのとき、我慢せず、根掘り葉掘りもっと深く話をすればよかったのか。後悔は尽きない。睡眠を削られ、考える力さえ奪われ、意図的に思考停止の状態に陥れるやり口が憎い。

組織に溺れる若者がどれだけいるのか。シェアハウスという閉ざされた環境の中で、息子は気づくことができるのか。ほんの少しでもいい、疑問を抱いてほしい。今は被害者かもしれない息子が、加害者に転じてしまうのではないか。先の見えない戦いは果たしていつまで続くんだろうか。

「事業家集団」という組織は、オウム真理教や今問題視されている旧統一教会と何ら変わりはないと思っている。師匠と呼ばれる組織の幹部達の虚栄や、虚飾に満ちた生活を存続させるだけの為に、組織の捨て駒として利用されている。将来ある若い青年たちは、一日も早く目を覚ましてほしい。

今はただ、家族と一緒にいたときの息子に戻ってきてほしい。母親はそれ以外、何も望まない。

†紀藤正樹弁護士に聞く

全国の消費生活センターへの「マルチ商法」被害についての相談は、二〇一八～二〇年度、一万件超で推移している。

マルチ商法は通常、知人や友人など周囲を巻き込むことが多いが、新型コロナウイルス禍で対面による密な人間関係を築けなくなり、不特定多数に声をかける新たな手法にも警戒が必要だ。

違法の疑いがあるマルチ商法にだまされないためにはどうすればいいのか。もし家族や親しい友人が関わっていることに気づいたら、どう手を差し伸べたらいいのか。悪徳商法やカルト集団による被害者の救済に詳しい紀藤正樹弁護士に聞いた（インタビューは二〇二一年八月に実施）。

紀藤正樹弁護士（本人提供）

――マルチ商法の被害相談件数が高止まりしている。

まず、新年度、人の移動が多い春先は特に、マルチ商法や詐欺の被害に注意が必要だ。これはいつの時代も、本質として変わらない。
都会に出てきたばかりの新社会人や学生が、格好の標的になる。いわば「草刈り場」だ。慣れない土地や人間関係に悪戦苦闘している若者の心の隙間に、マルチ商法は「親しみ」を持って忍び寄ってくる。

——コロナ禍がマルチ商法に及ぼした影響をどうみているか。

影響は大きいと考えている。コロナの感染拡大で収入が減った人が増え、格差が広がっている。それに加え、自宅で生活する時間が長くなり、通常なら頼らない人間関係に依存してしまう。

インターネットが普及した現代社会特有の問題でもある。利用者のネット上の動向を分析し、関心を持ちそうな情報や広告を表示する「ターゲット広告」が定着した。中には「簡単にもうかる」と偽った広告も目につく。コロナ禍で人間関係や外部から得られる情報が狭くなる中、自分の指向に基づく広告が心理に刷り込まれ、誤ったメッセージを信じ込んでしまうのではないか。

†何気ない連絡から始まり洗脳状態に

――東京や大阪の主要駅前で「いい居酒屋知らない？」と声をかける若者がいる。毎日新聞は潜入取材で内部資料を入手し、違法の疑いがあるマルチ商法の組織「事業家集団」だったことを報じた。

事業家集団が用いる街中での声かけそのものは、昔から使われている常套手段だ。歩行者を立ち止まらせるためのテクニックの一つで、多くの人が疑わずに会話に応じてしまう。アンケートのふりをして、個人情報を聞き出す手口もある。

路上で呼び止めて喫茶店などで契約を結ばせる「キャッチセールス」や、店に別の目的で呼び出し勧誘する「アポイントメントセールス」は古くからある手法だ。ただ、契約を巡ってトラブルになりやすい販売方法から消費者を守る「特定商取引法」は、目的を事前に告げない勧誘を禁じている。先ほどの二つは特商法違反となる。

一方、事業家集団の手口はキャッチセールスに似ているが、時間をかけ、納得させた上で、毎月一五万円分という高額商品を購入させている。被害者が商品を購入する「師匠」の店舗は、実際に営業しているとも聞く。表向きは普通の小売店を装うことで、消費者庁や警察など、関係当局から特商法違反との指摘を受けることを避ける狙いがあるのではないか。極めて巧妙だ。

――被害に遭わないためには、どうすればいいいか。

マルチ商法や詐欺を企てる組織は、巧みに近づいてくる。「見知らぬ人と安易に連絡先を交換しない」「不審に感じたら、すぐに連絡を絶つ」という二つが大切だ。

こういった組織は、報告、連絡、相談の「報連相（ほうれんそう）」を徹底させる。何気ない連絡から始まったやり取りは安心感を生むのと同時に、依存性を高める。気づくのが遅くなれば洗脳状態となってしまい、自分ではなかなか抜け出せなくなってしまう。

集団生活も、マインドコントロールの典型的な手段だ。情報と睡眠を管理することができるため、支配側にとって非常にメリットが大きい。外部からの情報をシャットアウトして、組織の考え方を植え付ける。睡眠時間を削り、思考能力を低下させる。構成員を管理下に置くことでそれぞれの出資額を計算でき、組織の収益を容易に計算できるようになる。一連の手口は、オウム真理教や旧統一教会のやりかたと酷似している。

†「簡単にもうかる」はありえない

――家族や親しい友人が関わっていることに気づいたら、どうしたらいいか。

本人がどこまで洗脳されているのかにもよる。集団生活に至っていないなら、組織から抜けるよう説得を続けてほしい。一方、集団生活に入ってしまうと、家族が連れ戻したとしても、組織から翻意を促されると応じてしまい、堂々巡りになる恐れがある。強引に組織から離そうとすると、逆効果になってしまう可能性がある。

マルチ商法の被害救済は、組織からの脱会支援という面を併せ持つ。被害者自身が洗脳から抜け出せず、被害認識を持っていない場合には、そもそも相談しようとすら思いつかないのが現状で、家族からの相談が端緒になることが多い。まず被害者に組織から抜けてもらうという点では、カルト的宗教団体からの脱会支援をしている窓口が手助けをしてくれると思う。

――なぜ若者は、マルチ商法に魅せられてしまうのか。

マルチ商法の組織は総じて、トップを希少であり、権威ある存在と持ち上げる。これも典型的な洗脳手法だ。経歴や実績を詐称、誇張して「すごい人」「憧れの人」といった幻想を抱かせる。

芸能人や著名人を「広告塔」に利用するケースも枚挙にいとまがない。手が届かない存在である芸能人が関わっていると知らしめ、組織の権威を高めることができる。背景には、芸能界が報酬を得る手段に無頓着なことがあるのではないか。芸能人や著名人は、社会的責任があることを十分に考えてほしい。

マルチ商法の組織に入るだけで「簡単にもうかる」ことはない。簡単にきれいになる、簡単に人間関係がよくなる、簡単に病気が治る——ということがないのと同じだ。そういった「インスタント思考」は、オウム真理教が若者に浸透する契機になった。しかし簡単に世の中が変えられるはずがなく、二〇人以上を殺害する松本と地下鉄サリン事件まで引き起こした。

ポジティブに考えること自体は悪いことではないが、「簡単にうまくいく」というインスタント思考は、マルチ商法だけでなく、悪徳商法、カルト集団のターゲットにもなりやすい思考であることを心してほしい。そして少しでもおかしいと感じたら、迷わず相談窓口に連絡してほしい。

†共通する被害者像

リスクを犯し、取材に応じてくれた関係者に感謝したい。住んでいる地域や師事する師匠はそれぞれ違うのに、関係者からは同じエピソードや言葉が聞こえてきた。

ある会社の美容用品を毎月一五万円分購入、外部団体の人材能力開発会社のセミナーや全国会議に参加、「つるみ」や「現場」など使われている言葉がまったく一緒、勧誘方法にも類似点が多数ある……共通点は枚挙にいとまがない。

組織はそれぞれの師匠のもとで、経営を学ぶ若者が集っているよう装う。一方で、証言からは、全員が同じ組織の構成員として、商品を購入したり、勧誘活動をしたりする役割を果たしていたことがうかがえる。

組織による構成員の囲い込みは恐ろしい。取材に応じた母親の一人は「一日も早く息子を組織から脱出させたいが、息子は組織の人間関係だけが善で、家族を含むそれ以外は、全て悪というような二元論的な考えになってしまいました。家族の言うこと一つ一つにとても批判的で、何を言っても聞いてくれません。息子は抜け殻のようになってしまいました」と途方に暮れていた。

組織のトップと指摘されている人物は、毎日新聞の取材に文書で回答を寄せている。洗脳について「当該組織の運営に直接関係なく、詳細は分からない」としつつも「最終的に商品を購入するかどうか、自分もビジネスに参加するかどうかは任意で行われているはず。「ビジネスをやる自由」と同様に「ビジネスをやめる自由」も尊重する必要がある」と答えた。

少なくとも、記者が接した元構成員の中には、自ら進んで月一五万円の商品の購入を続けた人間はいなかった。組織の嘘とごまかしに騙され、判断能力を失ったうえで、自ら構成員として活動するよう仕向けられていた。

当事者以上に、周囲にいる家族や友人は本人のことを心配している。しかし、残念ながら、組織で活動中の人間は、そのことにさえ気づくことができない。

第四章 組織の仕組み

東京や大阪の主要駅前で「いい居酒屋知らない？」と声をかける若者の誘いに応じ、ついていった先は違法の疑いがある「マルチ商法」だった。毎日新聞は「事業家集団」の関係者を通じ、内部資料やメール、音声を入手した。この章では、組織内の仕組みや用語、月一回程度開かれている「全国会議」の様子について伝えたい。

†構成員

組織の構成員は東京や大阪を中心に、数千人規模とみられている。

組織は特定の名称を持たず、「事業家集団」「環境」「アカデミー」「チーム」などと呼び名を次々と変遷させている。構成員は、経営者や起業家を意味する「ビジネスオーナー」を目指して活動している。

組織は「ビジネスオーナーになるためには、一緒にがんばり、信頼できる「仲間」が必要だ」と説く。街中での声かけは「現場」と呼ばれ、構成員は駅前などに通って活動の輪を広げる「友達作り」「仲間作り」に励んでいる。

マルチ商法は通常、知人や友人など周囲を巻き込むことが多いが、関係者は「新型コロナウイルス感染拡大で対面による密な人間関係を築けなくなったのでは」と分析する。コロナ禍で、大規模な男女の交流イベント「街コン」など組織が勧誘の主戦場としてきた「現場」が縮小。組織は従来から街中での声かけをしていたが、より不特定多数に声をかける手法に重きを置いたとみられる。

街中で声をかけて連絡先を交換する手法は、マルチ商法などの悪質商法でよく使われる「キャッチセールス」に近い。キャッチセールスは、駅前などの路上で販売目的を隠して近づく。声をかけた相手をそのまま喫茶店や営業所に誘導し、高額な商品やサービスを契約させる販売方法だ。

ただ、組織はそのまま喫茶店などで契約を結ばせることを狙っているわけではない。連絡先を交換した相手を飲み会、フットサル、バーベキューなどに誘い、人間関係を構築する。

組織内ではそれぞれがあだ名で呼び合い、本名ではやりとりしない。距離が縮まったとみたら、参加費がかかる組織の勉強会や経営セミナーにも勧誘。相手を少しずつ組織の価値観に染めていく。この工程は、組織内で「チームビルディング」と呼ばれる。

構成員はセミナーなどで、「経営の「師匠」の下、五〇人の友達を作ると自分も店舗オーナーである「師匠」になることができ、年収が飛躍的に上がる」と説明を受ける。師匠に面会し、組織で活動することを約束してからが構成員だ。その際、顔写真や住所を提示して「オンラインサロン」に登録する。

師匠からは、一日の行動を毎日、報告するようにと指示される。構成員になってしばらくすると、師匠から仲間と共同生活するシェアハウスへの入居と、転職を勧められる。集団生活は、マインドコントロールに適した手段だ。お互いに監視し合うと同時に、一般社会からの情報の遮断を目的としている。

†九系列五〇人

毎日新聞は組織関係者から情報を得て、東京都と大阪府内で複数のシェアハウスを確認した。ある物件では、同じ部屋に若者が何人も出入りする姿が確認できた。特にJR山手線沿線や、大阪市福島区にシェアハウスが点在している。

組織の「友達作り」とは、ある会社の美容用品を毎月一五万円分、購入する人を増やすことを指す。「ある会社」は、「事業家集団」と深いつながりのある人物Iが経営している。構成員になり数カ月が経過すると、「経営者になるための自己投資」「経営者になるためには、月収の一〇〜二〇パーセントの投資が必要」などさまざまな理由を挙げ、師匠から購

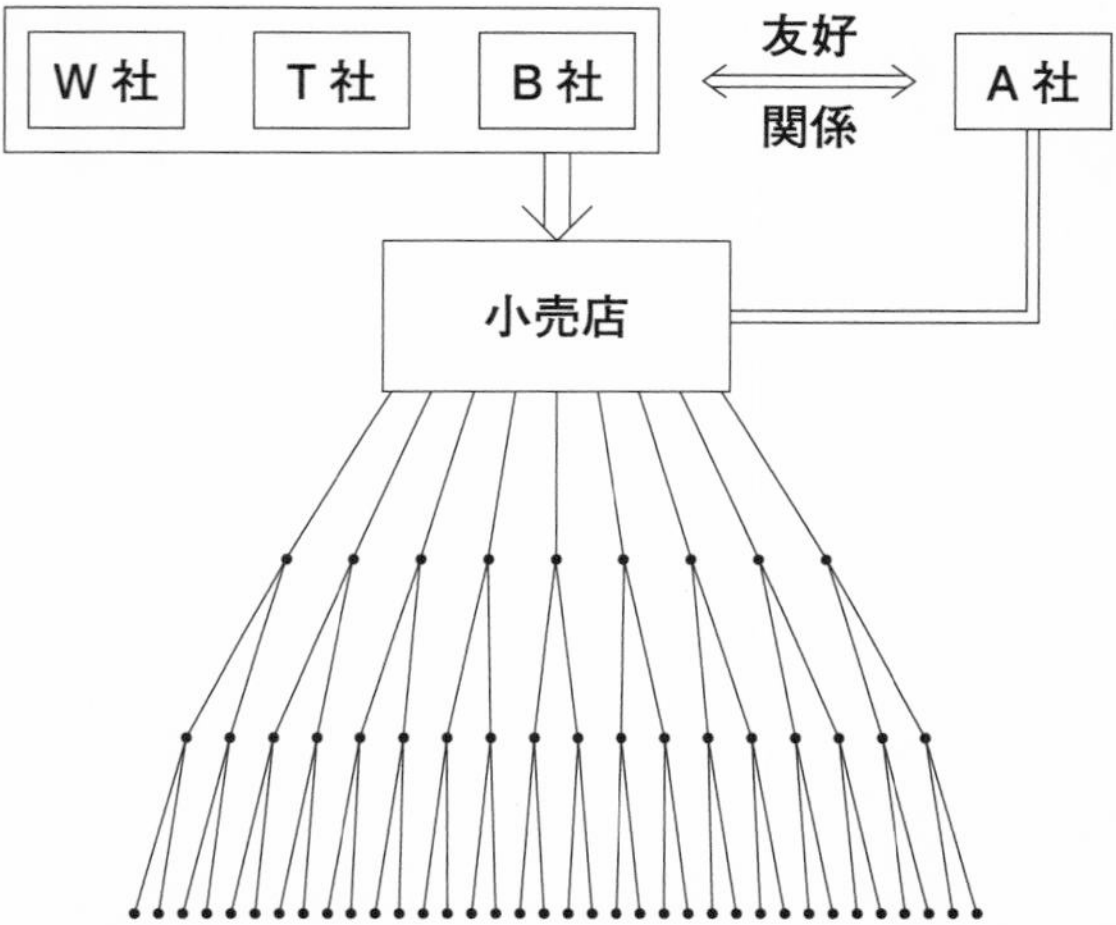

W社　組織のトップYが経営する会社。著名人との対談記事を載せ、組織の信用性を高める

T社　オンラインサロンの徴収やメーリングリスト、構成員の個人情報を管理する

B社　Iが経営する化粧品、美容用品などの製造販売会社。師匠が経営する小売店に商品を卸す

A社　Yがマルチ会員時代から親交のある会社。構成員はこの会社のセミナーに参加しており、洗脳の一端を担う

小売店　B社の商品を取り扱う「師匠」が経営する小売店。自分の構成員が9系列50人を達成し、店舗を持つと、B社からの商品の卸値が下がると言われている

組織構成図

入するよう求められる。

師匠は、業種はさまざまだが、オーガニック食品や雑貨店など対外的には小売店を営んでいる。構成員にIの会社の商品を販売することができるのは師匠だけだ。一般の商品も取り扱っており、組織と関係ない客も利用しているため、組織との関連を見破られにくい。

師匠になるためには、Iの会社の商品を毎月一五万円分、購入する友達をたくさん作る必要がある。師匠に昇進できる基準は明確にされていないが、自分が九人を勧誘し、さらに九人がその下に一人当たり五～六人の構成員を抱える「九系列五〇人」が推奨されている。

構成員は友達を一人作るごとに、Iの会社の商品購入だけに利用できる一万五〇〇〇円のポイント「マイル」が還元される。元構成員は「毎月一五万円分の購入で生活が圧迫されていいた。少しでも購入代金を安くするため、ポイント目当てで「友達作り」に励む面もあった」と明かす。

末端の構成員にはIの会社と、師匠の店舗との関係は一切説明されない。毎日新聞はIの会社と、師匠の店舗との関係をうかがわせる複数の内部資料を入手した。「ストアオーナー理解度チェック」と題したメールでは、構成員から想定される質問や知識について尋

ストアオーナー第１回理解度チェック
○月○日の説明会にご参加いただきありがとうございました‼＼(^o^)／
今後の説明会をより良くするため、お手数ですが以下の理解度チェックの実施をお願い致します！
期限：○月○日 AM 8 時まで

1. 割引ポイントをメンバーにどう説明しますか？
2. 店舗プロジェクト事業部と販売会社（※）の関係性を説明してください。
3. 販売会社（※）と販売店契約を結ぶメリットは？　デメリットは？（メリットとデメリットをそれぞれ記述してください）
4. 販売店契約を結ばない一般メンバーに新しい仕組みのメリットをどう提案しますか？
5. 製品および割引プランの説明をする人の条件（基準）を説明してください。
6. 製品および割引プランの説明をうける人の条件（基準）を説明してください。
7. どうしたら販売支援制度の割引金額が上がりますか？　三つ挙げてください。
8. 事業家 MTG のタイトルと販売会社（※）のタイトルの違いを説明してください。
9. 販売店契約を結ぶための基準は？
10. 組合とは何か？
11. 前払いはいつからスタートしますか？　現状のままチーム人数が推移した場合、いくら用意したら十分ですか？　計算の根拠と共に説明してください。
12. 販売店が自己消費として購入実績を登録した製品を、メンバーに販売し、メンバーの購入実績として登録しました。○か×か？
13. パック製品はバラ売りができる。○か×か？
14. 納品されたものに対する支払いはいつまでですか？
15. 店舗のスタッフの選出基準は？
16. 東京に出店しているレジオーナーが、大阪のメンバー２人に販売します。どうしたらいいですか？
17. お店にネガティブなイメージがつかないために何をしたら効果的ですか？
18. 系列を移動したいとメンバーが言いました。どう対応しますか？
19. 販売店が月商500万円を達成できませんでした。その後どうなりますか？
20. 消費者のメンバーが毎月15万円の商品を購入することを、どうメンバーに説明しますか？
21. 何時までに商品が販売店に納品されますか？
22. 何時までに商品の検品報告が必要ですか？

ストアオーナー理解度チェックの例（※販売会社は実名）

ねていた。組織は師匠への説明会を繰り返し、「組織とIの会社は一切関係がない」「ポイントは家電量販店のシステムと同様」「それぞれの小売店に熱心な客がいるだけだ」などと模範回答を徹底して指導した。

†組織のトップ

組織の中心メンバーは、もともとは、連鎖販売業者（マルチ商法）の会員として活動していたY氏ら。組織内で使われている言葉はマルチレベルマーケティング、ネットワークビジネスで使われている言葉も少なくない。

組織は毎月、構成員数千人が集まる「全国会議」を数日間にわたって開催する。組織への帰属意識を高めることや、参加費の一人約一万円の徴収が目的とみられる。全国会議は毎月、関西や関東の大規模会場を利用して開催される。何台ものバスを貸し切りにし、スーツケースを持って集団行動する姿は「まさに異様な光景」（関係者）。

毎日新聞は二〇二一年夏、関西で開かれた会議の映像と音声を入手した。組織関係者によると、その会は二日間開催され、約二〇〇〇人が参加。師匠の中でも、特に勧誘人数が多い「成功者」が次々と壇上に立ち、構成員に呼びかけていた。

「商業施設に出店し、さまざまな事業に関わっている。会社員時代の年収に比べると五倍ぐらいになった」

「みんな収入がぼこぼこ上がっている。達成したらこうやって稼いでいけると目の前で見せてくれているのも、やる理由になる」

「私には最高の未来が見えている。みなさんが求めていることは、必ずかなう。一緒に、現場でけなげに達成していこう」

登壇者が発言するたびに、会場からは大きな相づちや拍手、歓声、笑い声が沸き起こった。

全国会議には「組織のトップ」とされる人物で、組織内で「カリスマ」「トレーナー」と呼ばれている男性Yも登壇する。Yは「社会の課題解決」などを目指す会社を設立し、元プロ野球選手や芸能人との対談を同社ウェブサイトで掲載している。そういった著名人が、組織の会議やセミナーに参加し、会場を盛り上げることもあるという。

著名人を「広告塔」として利用するのは、悪徳商法でよく使われる手法だ。二〇一九年には、吉本興業の芸能人が振り込め詐欺グループのパーティーに出演していたことが社会問題になった。巨額詐欺事件を起こしたとされるジャパンライフ元会長が、安倍晋三元首相主催の「桜を見る会」の招待状を宣伝材料として使っていたことが国会でも大きく取り上げられた。組織関係者は「著名人が関わっていると紹介することで、組織の権威や信用性を高める狙いがある」と明かす。

†組織で使われる用語

組織内で使われている主な用語は以下の通り。

チューニング

師匠の考えと自らの思考を同一化させること。成功者である師匠の考えを一緒にすることで、自らも成功できると教えられる。後述するつるみもその一環。師匠の考え、思考、行動をまね、摺《す》り合わせること。すべては自己投資の一五万円につながっている。

ティーアップ

「持ち上げる」という意味がある。勧誘段階で、これから紹介する師匠について、事前に経歴や実績を誇張して伝えておく。実際に師匠に会ったとき、関心や興味が勝り、心理的

MON	TUE	WED	THU	FRI	SAT	SUN
※月によって日程が変動する可能性がございます。						1 パック組み替えシート作成 新規顧客の登録
2	3	4	5 パック組み替えシート提出	6 発注書押印済格納	7	8 パック名変更可能期間
9	10 予約開始	11	12	13 24:00まで	14 予約確定（発注割当）	15 24:00まで
16 発注予測アンケート(~29日まで)	17	18	19	20	21	22
23	24 納品・販売振込開始	25	26	27	28	29 入金締め日 14:00まで 発注予測アンケート提出
30 新規登録者の紹介者変更 販売登録完了（残りは在庫になります）						

店舗オーナーのタスク一覧

に疑うことができなくなる。ネットワークビジネスでよく使われる言葉だという。

スロープ

目的を告げずに、徐々に組織の理念に染めていくこと。当初は勧誘目的を告げずに近づき、バーベキューやフットサル、飲み会を通じて徐々に仲良くなる「段階」を踏む。

エンロール

もともとは、登録や入会という意味。組織内では、自己決断させることを意味する。一五万円分の商品購入や勧誘活動を「エンロール」させることで、あくまで自己責任と位置付け、組織への批判をかわしている。

師匠

小売店を営み、Ｉの商品を扱っている経営者。ストアオーナーなどとも呼ばれている。

弟子入り

師匠の下で学ぶこと。セミナーへのフル参加や報連相が強く推奨される。最終的には、師匠の店で一五万円分の商品の購入を求められる。

リーダー

活動しているグループの中で、師匠の下に位置する人間。数系列を達成しており、管轄によっては、師匠の店で働いている人間も少なくない。

基準

組織内で定められた目標。師匠の基準に合わせることを目標とされる。

現場

勧誘活動、友達作りをする場所。街中や、街コン、バーベキュー、フットサル、マッチングアプリなど勧誘現場を指す。

本流

弟子入り後、本格的に参加するセミナー。

管轄

各師匠が率いるグループ、チーム。師匠の店や家がある場所で、勧誘の活動場所も変わってくる。

自己投資

商品を毎月一五万円分購入すること。経営者になるためには「月一〇～二〇パーセントの投資が必要」などと説明を受ける。

つるみ
師匠と一緒にいること。勧誘活動後の深夜遅くに、師匠との飲み会が開催されることもある。

職住近接（接近）
一般的には、職場と生活拠点が近いほうがいいという教え。この言葉を利用し、シェアハウスへの入居が勧められることもある。共同住宅はほとんどの場合、師匠の家と近い。

パートナー
自らが勧誘して入会させた人間。

紹介者
組織に加入するきっかけとなった人物。自らを勧誘してきた人物。

ハードワーク

二四時間、寝る間も惜しんで勧誘活動に邁進すること。

SUHW

スーパーウルトラハードワークの略称。ハードワークの強調語。とにかく働く（勧誘）すること。

チームビルディング

一連の勧誘活動の工程。

アンチ

SNS上で組織の注意喚起をする元構成員や、YouTuberを指す。組織に批判的な報道をしたマスコミも含まれる。組織のセミナーでは、登壇者がアンチのモノマネをしたショートコントが催され、会場から大笑いが起きる一幕もあった。

ドリームキラー

恋人や友人、両親など。組織に加入する前に築いていた人間関係。組織から見て、夢を邪魔する人々。勧誘活動の理解が得られにくいので「ドリームキラー」と呼び、一気にその人たちとの人間関係を引き離す。

環境

組織の呼び方の一つ。組織内の誰かが「トレーナーとMさん（最高幹部）が作ったこの環境をもっとより良いモノにしよう」などと発言したのが由来だとか。

事業家集団

組織の名称の一つ。トレーナーが全国会議で発した「俺たちはマルチをやっているのではなく、事業をやっている。俺たちは事業家の集まりなんだ」が由来だとか。

ＰＪ（プロジェクト）

組織内で各種のプロジェクトチームが存在している。ＳＮＳ上で、商品や組織関係者のブランディングを行う部隊もいれば、アンチに対し、誹謗中傷を行う部隊も存在している。

新友作り

新しい友達を作るということ。街中などでの勧誘行為を指す。新規開拓とも呼ばれる。

便所の落書き

SNS上で組織への注意を呼び掛ける書き込み。組織に対するマスコミの報道は「情報統制されており、切り取られている」などと教え込まれている。

†全国会議での発言

全国会議の登壇者の発言の一部を紹介する。登壇者の発言のみで作成しているため、事実関係は不明。組織内で使われている言葉が多用されている。「Y氏から継承したチームビルディングに沿って、大きく人生を変えることができた」など、Y氏と組織との関わりをうかがわせる発言が多々確認できた。発言で分かりにくい箇所もあるが、原則そのまま記載する。

四〇代男性師匠

八月一日付で、九系列を一〇系列達成しました。本当に、自分で人生を大きく変えている方が増えていることがすごくうれしい。明らかに、自分の実力以上の結果が出ているなと思います。一人では、なし得ないような成果が取れているのも、こういった場があることが凄くありがたいことだ。

Mさん（組織の最高幹部）、トレーナーが継承してくれたチームビルディングに沿うことで、大きく人生を変えることができた。仲間自慢したいことばっかりで、それを話し始めると七五日ぐらい経ってしまいそう。

チームビルディングをスタートして一四年目になります。初めて今日こういった会場に来ている人もいるかもしれません。チームビルディングって具体的にどんなことなんだろう？　どんなことイメージされますかね？

僕は最初聞いたとき、はてなマーク、何をするんだろう？　どう収益につながるんだろう？　と、分からない部分があった。Mさん、トレーナーから言われた言葉で「チームビルディングは人生の主導権を握ることができる仕事だよ」と言われた。

最初はへーという感じだった。わからないなりに、一生懸命そういった人生にしたいと思ったので、一生懸命頑張ってきて、本当に徐々に体感を持ってわかるようになった気がします。ですので、わからないことがあると思うけど、ぜひ、自分の体験を通じて、チャレンジしてほしい。

事業においては、商業施設に今年二月に出店致しまして、さまざまな事業に関わっていて、会社員時代の年収に比べると約五倍ぐらいになりました。

社会人三年目、二六歳のときに、今の充実が五年後一〇年後、二〇年後の充実につながるかと漠然と不安を持ったままいたが、そういったときに出会いをいただき、このコミュニティ、この場に出会うことができた。目標達成につながる仕組みと、人を選んでいくことが大切と学んできた。目標達成につながる仕組みの上で、努力したいと思いました。

誰と一緒にいるかで、人生が大きく変わると感じます。今日初めてこられた方も、会場のリアクションにびっくりされた方もいると思うけど、そのうち慣れると思う。明るくて、元気で、人が良いところを見ていく性善説が成り立つこのチームが大好き。違和感を感じているのであれば、素敵な環境だと思うので、努力してもらえればいいと思う。

師匠の方々、そして生き方をしている方々と出会って、悪くない人生は歩めていた。でも悪くないって、ベストじゃないよなと思った。制限がなければどんな人生を歩むか。描けば描くほど、Mさん、トレーナーが実現していたチームビルディングの先にある未来に憧れたし、どうせ一回きりの人生なら、仲間とともに、豊かさを分かち合えるような生き方がしたい。

そうした人に食らいつきながら、チャレンジしてきて、今があるなと思います。みなさんはどこまで望みますか。そこそこの成果を望んでこられているのか。突き抜けた成果を望んでいるのか。結局、場があってもあなたに思いがなければ変わらない。

一四年、現場で目一杯走ってきた。現場という部分の話ができたらいいかなと思います。現場は何か。新規開拓ですね。新規開拓をすることがめちゃくちゃ重要。

新規開拓をするというのは何か。新しいパートナーと手を組むこと。大事にしてほしい。仕組みじゃなくて、あなたの魅力でつくってください。今日ここに来ている人は、株式会社「自分」の代表取締役なんです。自分でしっかりと、手を組む仲間は自分で思いを伝えてやっていかれたら良いと思う。

どの商売を見てもチームビルディングが大事。価値観が合う仲間と手を組んでやっていくこと。パートナーと手を組むために何が必要か。求めている人に、求めている情報を正確に伝える。これが重要だと思います。伝えていくことが非常に重要になっていく。

僕が新規開拓でやってきたのは、ビジネスパートナーと手を組んでいくこと。僕がやるビジネスを一緒に展開していかないか、ということ。

ビジネスパートナーなら誰でも良いですか？　僕はまずは仲良くなる。ビジネスパートナーはなにかというと「親友」だと思っている。この一四年間、親友捜しをやってきた。

僕は親友と呼べる方が一〇〇～二〇〇人、Mさん、トレーナーのように数千人、数万人いるという人生は豊かだと思います。自分の預金通帳や実印を気にせず渡せるような人間関係を主体的に作っていきなさいと言われた。

先出しで人を信じてやっていくことが、すごい素敵だと思った。僕は一期一会ではなく、一期全力でやってきた。皆さん是非、親友作りをとことんやってもらったら良いと思います。

四〇代男性師匠

会社員として勤めていたが、二六歳のときにトレーナーにお会いして、当時すでに年収二億円に達していた。一生分稼がれているが「仕事が面白くてたまらんから三六五日仕事するねん」と言われるトレーナーを見て、かっけえってなりますよね。こういう生き方したいなと思ってダブルワークでチームビルディングをスタートしました。

現在は法人三社をやっています。八月一日で新たにセレクトショップを商業施設にオープンしました。ひとえに、仲間やプロジェクトやっている方々の努力が、結実した。今年の三月に月収八四〇万円を達成して、タイトルも九系の九系を三月一日から半年、継続達成しています。

女性師匠（第一章で記者が接触したNの師匠）

私は現在、絶好調で事業参入できる九系列が五系列ありまして、月収が四〇〇万円を達成しました。美容室とセレクトショップと各種プロジェクトを、三つ掛け持ちしてます。ちなみに、月収四〇〇万円で、年収四〇〇〇万円と考えると、国税庁調べで、日本全国の就業労働人口六〇〇〇万人中、〇・一八パーセント、女性ですと〇・〇〇二パーセントなんですね。

この会場ね、女性で何千万稼いでいる人めちゃくちゃいますよね。どんだけアンチのクソ野郎が言おうと。

全国会議の様子。当日は２会場に分けられ、次々と登壇者がスピーチした（毎日新聞社提供）

もともと金と時間が欲しかった。今はたくさんの仲間に囲まれていて、最高だなと思います。みなさんが普通に会社起こすと、一般的に経営するのは大変。雨の後のタケノコ並にできて、それと同じだけ潰れています。不動産、人材、広告、取引先開拓、ブランディング、新規開拓、営業、集客、スタッフ募集、スタッフ育成、税金、法律の知識、全部を社長一人でやらないといけない。

経営者であれば、普通は孤独だけど、たくさんの仲間に囲まれていて、しかも無知識のところから、何の知識もないところから、美容室を経営して、セレクトショップも経営できています。このチームのチームビルディングから始めて、スキルアップや年収アップ、コミュニティを作ったり、自分のスキルを磨いたり、もしくはビジネスオーナーを目指そうと、この土台作りのもとで、人的資本、金融資本、社会資本の全てを手に入れるということが、本当にたくさんの師匠や仲間から学ばせていただいて、今に至っている。

みなさんが今ここにいるのはものすごいチャンス。私が絶好調の結果の原因は何か。求めているものを決めること。決めたら、そこしか見ない。それ以上のものは見ない。決めたらね、来るんです。成果を出すためには、どうすれば良いのか。愚痴っている場合じゃない。やらない理由探しはめちゃくちゃできます。無限にできる。

やると決めたら、自分の全力で身を投じきること。準備が整ってからは一生こない。みなさんが決めて、ここまで行きたいと思ったら、決めてください。そうしたら、動きながら、何が必要か。こういう力が必要だ。こういう学びをしていこう、実践をしていこうという必要なことが全部できます。

絶好調の結果の原因は決めたからできている。全てに対して、オーナー意識。自分が源で、結果をつくるんだと断ち切ったときに、求めている成果が全部降ってきたなと思います。私自身は、このチームでたくさんの方に育てていただいた。私は今、このかけがえのないチームがもっともっと、一〇〇年、二〇〇年繁栄することがすごい楽しみです。それをやると決めている。これをコミットしているたくさんのリーダーがいる。

成果を作ること、そして、みなさん一人一人が全員が、このチームで自分で結果を出す、一緒に結果を作る仲間、未来につながっているところから、一緒に走って行ければと思います。私には最高の未来が見えています。

みなさんが求めていることは、必ずかないます。みなさんと一緒に、現場でけなげに達成していきましょう。私自身も、一〇月一日に九系列の九系列と、二〇二二年一二月一日に店舗の事業参入している方九人の方と手を組みます。

以上です。ありがとうございました。

三〇代男性師匠
昨日Mさんと食事に行ったが、オマール海老と神戸牛をごちそうしてもらった。こんなお金の使い方したいなと思った。
Mさんから立ち上げ時期の話も聞かせてもらった。状況整ってない中で、一年で四五系列を達成されたと言っていて、結果作っている方は状況関係なく出している。Mさん、トレーナーから受けついできたチームビルディングを、改めて僕たちの代で次のステージにつなげないといけないと思った。

基準をやっぱり上げていくことを一つ大事にしている。中学校の頃、軟式テニスをやっていた。毎日ボールが見えなくなるまで練習していた。ただ、結果は地区大会二回戦止まり。一生懸命やっていたが、努力してたと思うが、結果はそれぐらい。このチームに来て、アカデミーに来て、トレーナー、Mさんから教わったことは、頑張ることも大事だけど、頑張り方も大事だって。めちゃくちゃ響いたことを覚えている。

努力が大事だ。チャレンジすることも大事だ。この基準の、この一カ月の延長線上に、成果は本当にあるんだろうか。頑張っているかもしれない。努力をしているかもしれない。でも成果が出る基準なんだろうか。

改めて向き合いたい。がんばってもすごい人は最初からすごいという言い訳をつけてきた。このアカデミーに来て、学んだことは、頑張ることも大事だけど、頑張り方も大事だ。誰の基準で努力するかが大事だなと思っています。

今日前に立ったスピーカー、師匠の方々の基準に合わせる努力を、今一度したいと思っている。

二つ目は現場で考えていることは、答えがない。答えはないけど、ベストをつくすことはできると教わってきた。答えを考えて、どうやったらいいんだろう。考えても出てこない。経験がないから。ベストつくすしかない。毎日毎日、自分ができる最大限を、やるしかないと思っている。

この八月、アワードに向けてすごい大事な一カ月です。自分の中で、過去の経験では、なんとかなることはあると思う。まずはベストつくしましょう。

誰も止めてないです。あなたの実力これぐらいって言ってないです。自分で止めているだけなんで。ベストをつくせる一カ月になればなと思います。

最後の三つ目は、この土日に関しても改めて思ったのは、学びの場所に、わざわざ東京から来ている方、大阪から来ている方いっぱいいて、努力しているなら、報わせないといけないと改めて思う。頑張ること、努力すること、学ぶことが目的ではない。僕たちは報わせるために、豊かになるために努力している。

二〇二一年年末に向けて、二二年のみなさんの目標達成に向けて、タイトルも大事だけど、豊かになりたいから、僕たちはやっている。それぞれの豊かさのために、最後まで全員でチャレンジしたい。

†座談会の様子

全国会議の音声には、一部メンバーらが登壇し「情報の取り方」などについて、複数の男女が話し合う様子も記録されていた。アンチ対策や、構成員を囲い込む狙いがあるとみられる。

――紹介者が途中でアンチになりまして。邪魔してくるというか。その方なりの正義もあったと思うけど。ありがたいことにたくさんの方の支えがあった。そういうときに、どういうふうに情報を取るかが大事になる。

振り返ると、紹介者は割と素直な人だったと思う。なぜアンチになったかというと、取る情報を間違えてしまった。変な情報を取ってしまったんだろうな。確かに、ねじ曲げたりすると、そういう捉え方もできるけど。僕がスタートして一年、二年ぐらいだったと思いますけど、（紹介者が）アンチになって、皆で一旦活動を止めて、立て直す期間を作った。

良かったのは、そういうときに、同じ出来事をどう捉えるか。どう捉えるかで、変わってくる。自分の人生が良くなっていく。自分の人生が良くなる捉え方を、師匠にくっついて、学べたのは良かった。

結果的にその出来事があって、めちゃくちゃ一致団結した。そのあとに、めちゃくちゃ伸びた。なので物事の捉え方だと思いますし、紹介者は情報の取り方をミスっちゃったんだろうな。本当に思います。

――ネット見たり？

――そう、ネット見たり。

――インターネット好きな方、今けっこう多いですよね。僕現場スタートしたときに、断られることもけっこうあって、大学の優秀な先輩に（活動を）伝えたときに「それってこうなんじゃないの。人間関係がどうこうなるんじゃないの」と言われた。確かにネットだと、友達が減るとか書いてある。

でも、僕は自分の目で見たものを信じたい。Mさん、トレーナーもそうだし、〇〇さん

〇〇さん〇〇さん（師匠陣の名前）見たら、そういうことする人じゃない。自分の目で見たら、分かるよなって個人的には思う。何を信じるか大事と思った。

——最初ネガティブなやつ見たら、駄目と言われていた。でも見ていた。今は事実と意見があって、事実が大事だとわかる。当時はその区別すらわからなかった。私はラッキーなタイプだった。

当時婚約していた彼氏が、一緒に記事を見ていた。当時彼が大学二回生だったので、私はよくわからなかったんですけど、その記事を見て、彼が「これは事実、これは意見、一つも悪いことないからやったらいいよ」と言ってくれた。

彼は海外で仕事をしたい夢があって、私はもともと海外に付いていく予定だった。だけど、自分で稼ぐ力を身に着けたかったので、別れた。（紹介者・師匠たちから）チューニングする人や、誰と一緒にいるかがめちゃくちゃ大事と教えてもらった。当時は、何か分からないことあったら、（紹介者・師匠たちに）聞いていた。

一体全体、私の二四時間のどこに彼氏の時間が入るんだろうとなった。なので、むしろ、この時間を私にかけるぐらいなら、彼も彼で、目標達成のために時間を使ってもらったほうがいい。お互いの未来に効果的だなと思った。別れたほうがいいよねってなった。

――僕はスタートしたとき、ネガ（組織に否定的な）の記事とかを見たし、けっこう自分でも拾った。全部ポジ（肯定的に）に見えた。やるって決めていたので、すべてを良い解釈にしていた。良いことしか書いてないと思った。

――アンチみたいな人を見た人、会場にどれぐらいいるんですかね？　現状把握しようと思って。けっこういますよね。こんだけ人がいて、現場に行ってたらね。逆に情報取ってでも、やると決めて、学ぶ場所に足を運んでいる人は強いですよ。

私現場で、あまり言われたことない。言われなかったってことは、言わせない雰囲気があったかもしれない。

――私もけっこうネット見てましたね。最初は。でも、ちゃんと自分で勉強したり、人の良さに触れていたので、当時から。（アンチの内容を）見たからといって、ぶれたことは一回もなかった。興味本位で見ていた。

――ちゃんと勉強して、それこそ読書も、自分で主体的に情報を取りに行って学ぶこと、継続することが大事ですよね。

――ネットの情報見ても、師匠とつるんでたら、絶対うそだとすぐわかる。師匠陣は、二三時過ぎてもつるみしてくれたり、わざわざ来てくれる。縦横斜め関係なくつるませてくれる。本当にありがたい。そういうのを確かめていくと、いろいろ腑に落ちる。事実を取りに行くことが大事。

――紹介者もアンチの人とつるんでいた。プライベートで。そっちの情報ばっかり得ている人だった。それでけっこう僕も数年前影響された。結局、脱出というか、上がってきたのも、トレーナーとかといさせてもらったから。だから、情報取るところが大事だなと改めて思った。

――僕自身もプロジェクトやってますが、Mさん、トレーナーの近くで、仕事できるようになった。知れば知るほど、確信が入ってきた。意見もいろいろ聞いてもいいが、自分でまずは足で仕事を取って、確信を得る努力が必要だと思った。

――現場やってなかったり、仕事やってない人に限って、確信が入りませんっていうよね？

――家でスマホ見ているんでしょうね。

――そういう時間もなく、目標達成のために、現場も仕事もプロジェクトも全部やってたら、そういうこと気にならなくなる。

――暇ないよな。

――僕もスタートしたときは、そういうの見ていたが、スタートしてからずっと走り抜けている時は、そういうの見ている時間がない。だって、現場やりまくって、その後、ただ家で寝るだけ。時間なかった。

――それより、今日会った人が、どんなふうに前進するか。いつから、こういう学ぶ場に一緒に、足を運ぼうかなということで、そっちのことで頭いっぱいだった。望むことだけ考えるって教えてもらってきてますが、目標達成するときに、望んでいること以外は雑念でしかない。どれだけ望むことだけに、集中できるかがすごい大事だと思う。

――それでも感情の浮き沈みはあったよね。みんなはどう乗り越えてきた？

――やると決めたことはやった。

――（感情が）落ちているときはつるみも悪いし、現場も行ってないし。僕思うのは、ネガの情報も触れたくて触れていると思う。アンチにも会いたくて会っている。自分が動かない理由を、一個の材料としている。どうやって乗り越えた？

――つるみですね。トレーナーたちが本気で仕事やっているから。この人たちは、絶対うそつかないって信じようと決めた。誰を信じるか僕は決めているから。最終決断は、その人以外の言葉を信用しない。極端ですけど、弟子入りしたんで、そう決めています。

†組織の異様さ

関係者から入手した全国会議の音声は、二日間で一〇時間を超えていた。一部は、毎日新聞のウェブ上でも公開した。壇上のスピーカー（幹部）が構成員を煽《あお》ると、会場は異常なにぎわいを見せていた。音声には、構成員が「へぇ～」などと大げさに相づちを打ったり、はち切れんばかりの歓声や、拍手も録音されていた。

幹部が話している内容は、記者が接したNらとほぼ同じ文言だった。正直言って、中身が伴っていない。なぜ構成員らはこんな長時間にわたり、耳を傾け、拍手し歓声を上げるのか。外部の人間から見ると、理解に苦しむ内容になっている。

文字に起こすと、その異様さは分かりやすい。すべてが、組織の勧誘に向けられるよう緻密に誘導され、構成員たちの高揚感を満たすものになっている。関係者によると、実際に全国会議が開かれた直後は、構成員同士が感化され、師匠のもとで引き締めがされ、街中などでの勧誘活動が活発になっていたという。

さらに毎日新聞が入手した組織の上層部のメールには、全国会議をわざと「演出」し、構成員が勧誘活動をするよう仕向けられることが示唆されていた（以下は、全国〔全体〕会議の内容を検討する幹部同士で送られたメールの抜粋）。

『内外から見て』より一般的な事業家の集団になるために♪

「全体会議〈チームビルディング表彰〉◆意図　事業家予備軍メンバーの健全な競争を創出し、カマス効果を発揮」

「二カ月連続、二系以上UPのスピーチ時間を長めにとって、九系五〇人は簡単！という前提に張り替える」

「チームビルディングとプロジェクトの優先順位は同じ！を演出」

「六系以上から登壇で、六系以上を目指したくなるよう演出」

「九系三〇人以上五〇人未満を表彰し、九系五〇人を達成したくなるように演出」

「この環境が取り組んでいる事業（店舗・不動産）の全種類を映像で紹介し、意図してまずは店舗型がいい！となるようエンロール」

「飲食、小売等、それ以外、神・髪・忍者・浮気※各業態別で売上規模と伸びを見せ、小売すごいな！　やりたい！　というエンロールを引き起こす」

アンチに対しての攻撃も、はたから見たら異様だ。「アンチのクソ野郎」のほか、全体会議では、アンチを攻撃・非難するための発言がいくつも確認された。音声には、全国会議でショートコントが行われ、アンチを馬鹿にする様子も記録されていた。

マインドコントロールに詳しい立正大学の西田公昭教授（社会心理学）は、安倍元首相の銃撃事件後、ツイッターでカルト的集団の四つの特徴を説明している。特徴は以下の通りだ。集団活動の絶対優先、私生活への干渉、批判の封鎖、絶対服従――。全国会議の音声や元構成員らの証言を総合すると、事業家集団は、ほぼすべてに当てはまるといっても過言ではないだろう。

第五章

最強のマルチ

東京の主要駅前で若者に「いい居酒屋知らない？」と声をかけられた記者は、「事業家集団」の目的を明らかにするために、組織の元構成員や幹部に取材を重ねた。この章では規制当局からの摘発を逃れるため考え抜かれた「脱法マルチ」の仕組み、事業家集団が生まれた経緯を説明する。

†秘密主義と権威主義

契約を巡ってトラブルになりやすい販売方法から消費者を守る「特定商取引法」は、規制対象となる「連鎖販売取引」（マルチ商法）を規定している。

消費者庁は「特定商取引法ガイド」（https://www.no-trouble.caa.go.jp/）で、「入会すると売値の三割引きで商品を買えるので、他人を誘ってその人に売ればもうかる」とか「他の人を勧誘して入会させると一万円の紹介料がもらえます」などと言って勧誘し（このような利益を「特定利益」という）、取引の条件として一円以上の負担をさせる（この負担を「特定負担」という）場合は「マルチ商法」に該当する——と注意を呼びかける。

複数の組織関係者は「事業家集団の目的は、構成員を経営者にすることではない。Ｉの会社の商品を購入させることにある。法的にはマルチ商法に問えなくても、実態は特商法違反が疑われる悪質なマルチ商法だ」と証言する。

「事業家集団」の基本方針は、「秘密主義」「権威主義」だ。

構成員になり数カ月が経過すると師匠から購入するよう求められる美容用品一五万円分の支払いは、現金一括払いのみ。毎月決められた販売日には、一五万円分の化粧品や栄養ドリンク、サプリメントなどを詰め込むため、スーツケースを持った若者が列を作る店もある。

師匠の店は、対外的には小売店として通常の営業を装っており、周囲の客から浮いてしまう。組織関係者は「はたから見たら異様に映ったとしても、現金払いにこだわるのは、金の流れを見せにくくする狙いがあるのではないか」と指摘する。

事業家集団は特定の名称を持たない。組織幹部らが経営セミナーや会議で、組織を指して「事業家集団」「環境」「アカデミー」「チーム」などと呼ぶことが名称として扱われているだけだ。呼び名も次々と変遷させている。

グーグルやヤフーなどの検索サイトは、検索結果をどのように順位付けしているか公表しておらず、企業や商品名、個人ブログに至るまで、サイト上位に表示させる「ＳＥＯ対策（検索エンジン最適化）」に取り組んでいる。事業家集団が複数の名称を使い分けるのは、実態をつかみにくくする「逆SEO対策」とみられている。

ほかにも、SNSなどで批判された幹部を「私が大好きな〇〇さん」「今後の更なるご活躍を楽しみにしています」などと逆にたたえる内容のブログを、複数の幹部が毎週投稿、検索で関連語句を予測表示する「サジェスト機能」に否定的な結果が出るのを避ける効果があるとして、サイトのURLをクリックする「ぽちぽち大作戦」――などの「逆SEO対策」を取っている。

†メールを入手

組織の内情を告発したブログやSNSのアカウントに対し、個人を特定する「専門部隊」もいる。組織への批判が拡散することを防ぐ目的がある。毎日新聞が入手した組織内のメールには、個人を攻撃する生々しいやり取りが記録されていた。

シェアハウスの実態や内情を書き込んだツイートについて、対策を協議。組織を抜けた時期などから、匿名アカウントの元構成員を特定していた。組織の複数の関係者や元幹部、元構成員らが「組織のトップ」と指摘し、組織内で「カリスマ」「トレーナー」と呼ばれている男性Yもメールの宛先に含まれていた。

「元メンバーがツイッターで情報を流出させています♪」

「ツイートしている情報から、彼女であることは間違い無いと思いますが、どう対応すれば良いか確認させていただければと思い情報共有させていただきますっ‼」

「今はもちろんメーリングなど何も見れていませんが、三月の会議に欠席するまではすべての情報を受け取ってます」

「M（組織がもともと加入していた連鎖販売業者）メーリング、ａｌｌで流れた人材募集のメーリング、〇〇（〇〇は特定の師匠名）チームのマジで成果出すと決めてる人限定メーリングの内容もツイートしてます」

「メンバーのフルネーム、フェイスブックなどもツイートしてます‼」

「トレーナーのアドレス等もツイートしています‼」

「制裁が必要だと思います♪　どうやる⁉」

「免許証の画像があるので、住所不定でも追えると思っています」

組織は活動することを約束した構成員に、運転免許証などを提示させて、顔写真と住所を登録する。組織内に弁護士がおり、「職務上請求書」を使って自治体から現住所の開示を受けたとみられるやり取りが残されていた。「職務上請求書」を目的外に使用すると、戸籍法や住民基本台帳法違反となる。

このケースは最終的に、匿名アカウントにダイレクトメッセージを送信。組織を中傷したとして、損害賠償を求める訴訟を起こすことをちらつかせた。メールでは「ブラフ（はったり）」と記していたが、狙い通りにアカウントは削除された。

†トップの男性Y

「事業家集団」トップとされる男性Yは、組織とのかかわりが表に出ないよう、巧妙に関係を隠している。構成員数千人が集まる「全国会議」に登壇する際は、必ず「録音・録画を禁止」と徹底。組織関係者は「リスクヘッジに非常にたけた人物だ」と話す。

Yの表の顔は経営者だ。二〇二一年六月に設立した会社のウェブサイトによると、「社会の課題解決」などを目指し、各種プロジェクトに携わっている。

複数の組織関係者やYが経営する会社のホームページによると、Yは一九七三年生まれ。関西出身で、阪神・淡路大震災のときにはすでに一定の資産を築いていたものの、被災からの復興で大部分を失ったと説明している。また、二〇代前半からマルチ商法を始め、複数のマルチ商法の企業で会員としての活動経験があるという情報もある。

請求書

[redacted] 様

平成30年11月17日

(請求書番号) [redacted]

ご担当者様: [redacted] 様

TEL

Mail:

[redacted]

件名:請求先調査法律業務委託費

ご請求金額(税込)	¥4,890

項	明細	数量	単価(税抜)	合計
1	業務委託費	1	¥5,000	¥5,000
2	報告遅延	0	¥-5,000	¥0
			小計	¥5,000
	地方税及び消費税	8%'		¥400
	源泉所得税・復興特別所得税	10.21%'		¥-511
			合計	¥4,890

<備考>
振込希望日: 今月末

<振込先情報>
[redacted]

組織が弁護士に依頼した職務上請求の請求書

そのころ、女性経営者のMと出会った。YはMについて「出会いが人生を大きく変えた」と語っており、長年行動を共にしている。

二〇年ほど前から、YはMと化粧品や健康商品などを扱うマルチ商法の企業の会員として活動。最盛期には六〇〇〇人以上が所属する組織を率いた。事業家集団と同様、構成員同士はあだ名で呼び合い、Ｙは「トレーナー」「カリスマ」と呼ばれていた。

組織は、口コミで商品を販売していく手法で、新規会員を勧誘した実績に応じて報酬を還元。ピラミッド型に会員を配置し、上位の会員になるほど還元率が高かった。契約を巡ってトラブルになりやすい販売方法から消費者を守る「特定商取引法」が規制対象とする「連鎖販売取引」そのものだった。

企業内の組織のうち、Ｙの組織は特に成績がよかった。一方で、Ｙの組織には「黒いうわさ」が絶えなかった。マルチ商法自体は合法だが、特商法はさまざまな禁止行為を定めている。

Ｙの組織は、大規模な男女の交流イベント「街コン」などの飲み会や、街で偶然出会ったと装って人間関係を作った上で、最終的に商品購入を持ちかける「ブラインド勧誘」、「もうかる」「豊かな生活を送ることができる」と根拠のない収入をうたって勧誘する、マインドコントロールにより仕事を辞めさせ、ルームシェアをして高額商品を購入させる――など、一部で特商法違反の疑いがある行為を組織的に継続していた。

消費者庁への苦情や被害相談が相次ぎ、日本訪問販売協会を通じて情報提供を受けた企業側は一八年一月、Ｙの組織に「通告文」で警告した。毎日新聞が入手した通告文によると、企業側は一連の行為について「重大な社会問題と認識しており看過することはできない」と強く非難。目的を告げない勧誘やルームシェアの解消など、「即日」改善を求めた。「集団生活の実態の例」と題した資料には、東京都品川区、港区や大阪市福島区でルームシェアをしているとみられる大量の名前が記載されていた。企業側は「特定の地域にこれだけ多数の構成員が共同生活を営んでいるかのごとく見える状況は異様でしかない」と指摘していた。

Yの組織では、毎月数千人が商品を購入しており、うち三五～四五パーセントが一〇万円以上の注文だった。企業内のほかの組織に比べて突出しており、企業側は「若年層の会員が正常な判断能力を失い、分不相応な高額取引を毎月継続している」とまで糾弾した。Yは指摘を改善せず、通告文を受けた直後、資格停止処分を受けた。企業は取材に対し、Yの組織と一八年に関係を絶った事実を認めた。

ただ、理由や経緯については「守秘義務や個人情報の観点から開示は控える」と回答した。通告文では、「当社以外のビジネスに、組織の構成員の大多数を従事させようと企図しているという情報を入手した」と指摘しており、Yの独立の動きも要因の一つとみられる。

以下、連鎖販売業者から受け取った通告文の一部を抜粋したもの。Yらの勧誘活動に対し、強い文言で非難している（一部表記を除き原文ママ）。

貴殿が当社の事業である特定商取引に関する法律に定める連鎖販売取引に基づき組成した組織においては、当社以外のビジネスに、組織の構成員の大多数を従事させようと企図しているという情報を当社は入手しております。係る組織的な動きは当社の行動規範に定めるクロス・リクルート違反の可能性が高いものであると当社は認識しております。

加えて、当社が正会員として所属しております公益社団法人日本訪問販売協会より、当社、あるいは貴殿らの組織に関する苦情として、以下の通知を受けましたので、貴殿に通告いたします。

以下の通知は全て消費者保護を統括する当局から、協会を通じて提供された情報・苦情とお考え頂くべきものです。

一【苦情等の概略・類型一／本人からの苦情】

勧誘行為を始めるに先立ち、勧誘目的や特定負担に関する事前告知がなされなかった、あるいは、その可能性が高いと思われる類型（同一人物からの苦情と推測される三件を含み全一四件）に関する苦情です。

この類型は学生時代の友人からの呼び出し、飲み会からの流れ（「街コン・合コン」等を含みます）、もしくは街で偶然に出会ったこと等を奇貨として、当初から勧誘目的を有しているにもかかわらずこれを告知せず、断りにくい人間関係を構築した上で、具体的な勧誘を行うという構成であり、当社の商号、特定負担を伴う取引の締結を勧誘する目的、あるいは商品名などが告知されていなかったと報告されています。この一連の勧誘行為は、ブラインド勧誘として、特商法違反及び当社の行動規範違反を構成する行為です。

二【苦情等の概略・類型二／本人からの苦情】

勧誘に際して「儲かる」「稼げる」「豊かな生活」等々安易に根拠のない収入を謳って会員登録を勧めていると思われる類型です。（全五件）。

この類型は、製品の品質や魅力に関する説明がほとんどなされることなく、専ら収入に関する話で入会を勧めるものです。貴殿らの組織においては、製品に関する話と収入に関する話のバランスが取れておらず、ましてや社会的に若年層とみなすことができる人々に対して、徒に高収入が約束されたかのような勧誘を行うことが問題視されています。このような勧誘も、特商法違反及び当社の行動規範違反を構成する行為です。

三【苦情等の概略・類型三／本人以外からの相談】

マインドコントロールを巡る複数の事例（同一人物からの苦情と推測される二件を含み全一八件）です。

この類型は、主に本人の両親等から相談が寄せられているものであり、結果的に本人が「マインドコントロール」または「洗脳」された結果として、それまでの仕事を辞め、勧誘者の近所へ引っ越しをして「ルームシェア」の形態で住居を同じく、あるいは近くにし、高額の製品購入を継続する実態が異常視されています。

ルームシェアという行為自体を禁止する日本の法律は存在しませんが、貴殿らの組織においては、ルームシェアをしている若年層の会員らが、さながら正常な判断能力を失い、更には、若年層にしては分不相応な高額取引を毎月のように継続していることにつき、両親を含む身近な人々からの忠告や意見を聞き入れることができなくなっていることが問題視されています。

Yと行動を共にしてきた関係者は「企業から資格停止処分を受けたのは寝耳に水だった。急にビジネスができなくなり、組織内に衝撃が走った」と振り返る。

一方、Yは「もともと、企業から離れる構想があった。「通告文」で計画が数年早まっただけだ」と説明した。数人の側近と急ピッチで準備を進めた。Yは周囲に「身内の金は身内で回す。これから財閥を作る」と豪語した。

通告文から数カ月後。Yは新たな「ビジネスモデル」で船出した。企業から資格停止処分を受ける前に創業し、準備を進めていた美容用品の製造・販売会社を本格稼働させたほか、複数の会社を設立。

Yは表に出ず、信頼できる側近を社長に据えた。幹部数十人にオーガニック食品や雑貨店などの店舗を出させて、美容用品を卸して販売した。

Yは「マルチ商法からの脱却を図った」と対外的に説明している。宣言通り、特商法に抵触しないよう考え抜かれた「脱法マルチ商法」にほかならなかった。

†最強のマルチ

「事業家集団」トップとされる男性Yは二〇一八年春、現在の組織の原型となる新たな「ビジネスモデル」を生み出した。

約二〇年間、会員として活動したマルチ商法企業からの「造反」を企てたものの企業側に察知され、資格停止処分を受けた。時期に誤算はあったが、ごく少数の側近とともに水面下で準備を進めており、「鮮やかな移行だった」という。

Yが長年の活動で学んだことは、マルチ商法の難しさだった。契約を巡ってトラブルになりやすい販売方法から消費者を守る「特定商取引法」は、マルチ商法を「連鎖販売取引」として規制対象としている。

マルチ商法そのものは合法でも、特商法でさまざまな禁止行為が定められている。当時を知る組織関係者は「マルチは結局、特商法の制約があり、いろいろめんどくさい。法的にはマルチじゃない仕組みにしようと考えた」と明かす。

Yの組織には、これまではマルチ商法企業に任せていた「構成員の個人情報管理」が必要になった。顔写真や住所の登録と管理、構成員の証《あかし》である「オンラインサロン」の会費徴収や運営など、ロジスティック（後方支援）を担当する会社を設立した。構成員に販売する美容用品の製造販売会社は、Yの側近であるIが社長を務める。この二社が、事業家集団の中核を担う。

幹部に出させた店舗は、飲食店や美容室などもあるが、基本的にはオーガニック食品や雑貨などの小売店となっている。美容用品を取り扱うためだ。店舗経営者は、構成員を束ねる「師匠」の役割も担う。

世の中や構成員に向け、組織の信頼性を高めるための会社もある。Yが経営する会社は、元プロ野球選手や芸能人と対談し、組織の会議やセミナーにも参加してもらう。その他にも、イベント会社や、人材育成会社などさまざまな業種の会社を幹部に設立させ、次々と「事業家」が誕生した。

Yを中心として、組織内で多様な産業が集まる多角的な事業形態を取るビジネスモデルは、まさに財閥だった。

一方、組織の根幹は独立前と変わっていない。末端構成員は購入者勧誘の連鎖で規模の拡大を狙う。外形上はマルチ商法だ。取り扱っている商品も、同じ美容用品だ。しかし、複数の組織関係者が「かなり巧妙な仕組み」と証言する。

構成員は、師匠になるために美容用品を毎月一五万円分購入しながら、購入してくれる友達作りに励む。購入先は、小売店を装う師匠の店だ。「構成員には店で扱っているIの会社の商品を買わせている。外から見れば、一般客が店で購入しているのと区別できない」という。

美容用品の販売日は毎月決まっており、師匠から構成員に対し事前に「予約メール」が届く。ただ、このメールで購入を申し込むと特商法の「通信販売」に当たり、規制の対象となる。そこで、メールでは「店にあなたのための商品を取り置いてある」という形をとり、構成員は店で一五万円を現金払いする。客に「あの商品を取っておいて」と依頼されて対応することは、店としてごく一般的だ。

それぞれの師匠が店を営んでいるため、マルチ商法と指摘を受けることはない。Iの会社の美容用品は市販もする。各店舗では一般の商品も取り扱い、表向きは小売店と変わらない。

二〇一八年三月、マルチ商法企業からの移行について、幹部をホテルに集めて説明した。組織関係者は「実態はこれまでやってきたマルチと変わらない。なのに、特商法の制約を受けない。「最強のマルチが完成した」と驚いた」と振り返る。

†相次ぐ離脱

順調に船出した事業家集団も四年が経過し、師匠や構成員の離脱が相次ぐようになった。駅前など街中で「いい居酒屋知らない？」と声をかけ、美容用品を毎月一五万円分購入する友達を九人勧誘する。さらに九人がその下に一人当たり五～六人の構成員を抱える「九系列五〇人」を達成する。

するとようやく、師匠に昇進して店を出すことを許されるとみられる。マルチ商法では勧誘に成功すると「紹介料」などの名目で現金をもらえるのが一般的だが、事業家集団はIの会社の美容用品購入にしか利用できないポイントで還元されるにとどまる。

一五万円分の商品購入は毎月のノルマだ。しかし、支払えなくなる構成員もいる。店舗の家賃や人件費などの固定費負担も重い。組織関係者は「仕入れ量が減るのを避けるため、二、三人分は自分で買うこともあった」と明かした。

また、どの程度仕入れると卸値が安くなるかは、師匠にも知らされない。しかも仕組みがたびたび変更されるため、利益率のめどが立たないという。

組織関係者は「一般的な小売店であれば、一度にたくさん仕入れれば卸値は下がり、割安で仕入れられる。つまり、「取引量」に応じて卸値が下がるのが普通だが、組織では、自分の下に九系列五〇人以上のストアオーナーが何系列いるか、に応じて卸値が決まる。つまり、明らかに普通の指標ではなく、「何人勧誘できたか」という勧誘の実績が、卸値に反映する仕組みだった。自分が勧誘した友達が師匠になると、卸値が下がって利益が出やすくなる。自分の下に師匠一人で月収五〇万円くらい、三人なら月収一五〇万円」と口頭で伝えられたという。ただ、契約書などはなく、「なかなか黒字にならなかった。友達作りで苦しんだ地獄から、経営に苦しむ地獄に移っただけ。金に困ることに違いはなかった」と吐露した。

組織関係者は「構成員は数千人。中核二社からの収益だけで、毎月二億円はくだらないのではないか」と分析する。Yは財閥総帥として、構成員を焚きつけるメールを頻繁に送っていることが確認できた。

†トレーナーからのメール

二〇一八年七月に組織の一部メンバーで共有されたメール。「トレーナー」「カリスマ」

と呼ばれているYからのもので、活動を焚きつける内容になっている。

先月より収入がアップした方は、ａｌｌメーリングでそのことを流してください♪
※％アップ！でも良いし、※万円アップ！でも良いし、絶対数で効果がある方は月収が※万円！でも良いです！（^^）！良い噂はジャンジャン流しましょう♪♪そして、誰かにとって良いことを全力で承認する文化をさらに育てましょう（≧∀≦）／
※ここで言う収入とは、実店舗からの収入・サラリー・自分が主催する呑み会からの収入など、全ての合計です☆

以下は、二〇一九年八月に組織全体のメーリングリストに送られたYからの「格言」。構成員の「勧誘」のやる気を上げるためのものとみられる

「命がけで！！！」

と言うのなら、プランに保険をかけましょう♪

「人生をかけて！！！」

と言うのなら、系列数にも保険をかけましょう♪

仕事の送信期限が九時のとき、八時五九分に送信しようとしてミスをする人。「ネット環境が悪くて」などと言い訳をするのは見苦しいし、みっともないので止めたほうが良いですね。

ボクはそういう言い訳を無視します。待ち合わせが九時のとき、八時五九分に到着しようとして、遅刻をする人。「電車が止まって」などと言い訳をするのは見苦しいし、みっともないので止めたほうが良いですね。ボクはそういう言い訳を無視します。

何かの要件を満たす条件が九系列のとき、九系ギリギリで勝負をしようとして、落とす人。「※が悪くて」などと言い訳をするのは見苦しいし、みっともないので止めたほうが良いですね。ボクはそういう言い訳を無視します。

言い訳は嘘よりももっと悪く恐ろしい。けだし、言い訳は防御された嘘だから。

†なぜはまるのか

最盛期には、六〇〇〇人以上いたとされる構成員は二〇〇〇〜三〇〇〇人規模まで縮小したとみられる。また、師匠の離脱も相次ぎ、組織としては縮小の一途をたどっている。一方で、いまだに組織や師匠に心酔し、事業家集団の活動に邁進している若者が多数いる。なぜだろうか。

そもそも、月一五万円の商品購入を続けたら「経営者」になれる、という理屈も普通に考えたら通じない。組織で数年間活動した二〇代男性の元構成員は「それほど組織が行っている洗脳が恐ろしいということだ。若者の心の隙間に入り込み、人格や思考の全てを破壊する」と指摘する。

組織は長い時間をかけて若者に接触し、セミナーで教えを刷り込み、全国会議や師匠とのやり取りで高揚感を満たし、最後にはシェアハウスでの共同生活で、一般社会や家族のつながりを断絶させる。組織の洗脳は、体系的に行われているのだ。

記者が接したNも、休日はもちろん、大晦日まで連絡を取ってきた。

構成員は災害や大きなニュースが発生したときにも、街中などで連絡先を交換した相手に対し、連絡するように指示を受けている。どさくさに紛れて連絡すれば、久しぶりの相手でも返事が返ってくる割合が高いからだという。実際にNからは、交流を絶った以降も連絡が相次ぎ、東京五輪の結果を伝えてくるLINEの連絡もあった。

また、二〇二一年一〇月七日に千葉県北西部を震源とする地震が発生した際には、「地震大丈夫?」という連絡が届いた。ちなみに、このときは他の事業家集団の構成員とみられる男性(居酒屋を尋ねてきたので、Nとは別に記者が連絡先を交換した)からも「地震大丈夫?」と同様の連絡が届いた。元構成員の男性は「組織に入り、構成員になれば、二四時間三六五日、友達作りのことしか考えられなくなる」と説明する。

この元構成員は、若者が組織の術中にはまる理由について「自分たちの世代は生まれてから、高度経済成長もバブルも経験していない。経験したのは、リーマンショックや東日本大震災など暗い話題ばかり。未来や将来に希望を持たずに育ってきた。そんな中で、組織のうそみたいな馬鹿げた話に興味をそそられる。そして興味本位で近づけば、洗脳をかけられる」と分析する。

また「新型コロナウイルス感染症の影響も大きい。特に地方から、進学や就職で上京してきた若者は、慣れない土地、頼れる人間がいない中で、他者と交流する場を失った。一人は寂しい。人は孤独に陥った時、誰かにすがりたくなる。そんな心の隙間に、組織はつけ込んでくる」と打ち明けた。

組織の複雑な構造に加え、洗脳のプロセスも、摘発や社会的非難を免れるための一環と

街中で連絡先を交換した組織の構成員とみられる人間（左）とN（右）とのラインのやり取り

指摘する声もある。末端の構成員は、具体的な説明を受けないため、組織の構造や実態を把握していない。購入の経緯や、詳細なやりとりを残している人間もほとんどいない。

　月一五万円の商品購入を続けるため、約一〇〇〇万円の借金を抱える人間もいれば、借金を重ねて信用情報を失い、クレジットカードを作れなくなった人間もいる。先述した二〇代の元構成員は「組織を辞めてから、ようやくことの大事さに気づく。組織にいるときは、どんなに苦しくても仲間がいるから楽しい、乗りきれると思い込んでしまう。しかしそれは幻想。皮肉にも、辞めてからの方が辛い」と苦笑する。

別の三〇代男性の元構成員も同様に、組織の最も狡猾な点をこう説明する。

「月一五万円の商品購入や、シェアハウスの入居、正社員から契約社員への転職。すべて組織や師匠の意向に沿った行動だが、最終的には「自分で決めたでしょ?」で片付けられる。つまり組織は、強要も洗脳もしておらず、自己責任で構成員が自分で決めた、というスタンスだ。末端がこの構図に気づくのは、財産や時間などすべてを失ったときだ。そのときにはもう遅い。「自分は絶対にだまされない」と思っている人間ほど、容易に組織の手に落ちる」

†トップのYからのメール回答

毎日新聞は、「事業家集団」の関係者や元幹部、元構成員らが「組織のトップ」と指摘する男性Yに取材を申し込んだ。「時間的な調整が難しい」として、メールで文書回答があった。

マルチ商法の組織にどうかかわっているのか。違法の認識はあるのか――。毎日新聞の用語表記や、個人の特定を避けるための修正のほかは、全文をそのまま掲載する（アルファベットはそれぞれ個人名や会社名を表しているが、特定の意味はない）。

お問合せに対する回答　Y

この度は、お問い合わせをいただき、ありがとうございます。

ご質問に対する回答に入る前に、ご記載いただいている内容は、事実に反する記載が多く、残念に感じております。

私は、かつて関わっていたマルチ商法の仕事を辞めた後、弁護士などの専門家にも相談して、コンプライアンスを重視しながらビジネスをしております。この間、消費者庁から「脱法マルチ」という指摘を受けたことも、脱法行為を行っているとの指摘を受けたこともございません。

私としては、仮に、私や私と関連性のある会社や事業者が違法なことを行っているようであれば、それを是正し、コンプライアンスを図っていきたいと考えております。ご指導いただければ幸いです。

しかし他方で、ツイッターなどオンライン上では、私に対する事実に反する悪質な中傷も散見されます。中には私に対する殺害予告などもあります。残念ながら、愉快犯的なものや、組織的な対立から私に対する悪質な中傷をする方もあるようです。あまりにも悪質なものについては、弁護士や警察に対応をご相談させていただいているところです。

私としては、大手新聞社である貴社には、偏向的な情報に基づき報道をされることのないようにお願いをしたいと存じます。

以下頂いた質問事項についてお答えいたします。

なお、時間的な調整が難しいので、本メールへの回答をもって取材に対する回答とさせていただきます。

ご高配のほどお願い申し上げます。

質問

Y氏はM氏と共に、マルチレベルマーケティング企業の「〇〇」「〇〇」で〇〇というチームを率い会員として活動していたが、二〇一八年に企業から懲戒処分を受けて離脱。その後「財閥を作る」と周囲に話し、現在の形態（事業家集団、環境、アカデミーなどと呼ばれる組織）に移行したと複数の関係者が証言しています。事業家集団、環境、アカデミーなどと呼ばれる組織と関係はありますか。事業家集団、環境、アカデミーなどと呼ばれる組織が、「目的を告げず、連絡先を交換。長期間のセミナーなどを通じて勧誘し、ビジネスオーナーになるためなどと、特定企業の商品を月一五万円分購入させる」という手法に関わったことはありますか。

回答

　私がM氏と共に、マルチレベルマーケティング企業の「〇〇」「〇〇」で活動していたのは二〇一〇年までです。〇〇というのは、その当時、私個人が登録していた法人名「有限会社〇〇」のことかと存じます。その後は特に活動はせず登録を残していました。二〇一八年に「〇〇」が、会員の個人情報を大量に漏えいする事故を起こしました。これに対して強く抗議したところ強制的に登録解除となりました。

　その後、私は、マルチ商法からの脱却を図り、弁護士等の専門家に相談をしながら、新たなビジネスを模索して、W（Y氏が経営する会社名）を立ち上げました。

ご指摘の「事業家集団、環境、アカデミー」は、私が直接関係している組織ではなく、その勧誘等の手法に関与はしていません。もっとも、ご指摘の組織には私の友人・知人もおり、その中には私と同様にマルチ商法からの脱却を図ろうとしている方もいらっしゃいますので、そのような観点から助言を求められた際には、コンプライアンスを徹底するように申し上げています。

そのような中で私の認識している限りでは、営業目的で勧誘する場合に営業目的を告げずに連絡先を交換するようなことは禁じられているはずですし、特定企業の商品を月一五万円分購入させるような強要もしないようにご注意いただいているはずです。

質問

株式会社B（元H）はY氏が設立したと複数の関係者から証言を得ています。二〇一八年以降、融資を受けるため金策に走っていたという証言もあります。株式会社BのI代表は〇〇〇〇の古参メンバーであることも確認しています。株式会社BとY氏はどのような関係ですか。またY氏が主宰者を務める「W株式会社」と株式会社Bとの関係はどのようなものですか。

回答

ご指摘の〇〇〇〇とは私が以前「〇〇〇〇」に登録していた有限会社〇〇〇〇を指すかと思いますが、I氏は〇〇〇〇のメンバーであったことはありません。

私とI氏は、以前別の仕事で一緒になったことがあり、そのご縁から今でもいい友人関係を築いております。

私は、株式会社Bの役員や従業員になったことはなく、その経営、運営に関与したことはありません。

W株式会社と株式会社Bは特に関係はありません。

質問

毎日新聞は、組織の全国セミナーの動画と音声を入手しました。その中では登壇者が「九系列五〇人を目指せ」などと、勧誘活動を助長する発言をしています。Y氏がセミナー内で発言していることも確認しています。組織の実態はあくまで、それぞれの店舗オーナーが小売業を装っていますが「九系列五〇人」の組織の構成員が末端会員を勧誘する形を推奨しており、弁護士はそのような形態を「脱法マルチ」と指摘しています。「脱法マルチ」との指摘に対し、反論はありますか。

回答

ご指摘の私の発言に関しては、私自身が「コラボレート・チームビルディング」を大切にしてきた経験から起業する際の一つの指標としてそのような話をしました。このような考え方は、さまざまなビジネスに応用の利くことだと認識しています。私の考えについては下記サイトをご参照ください（Yが運営するｎｏｔｅのＵＲＬ）。

ご指摘の組織において「各店舗が小売業を装っている」というご指摘については、「装っている」わけではなく、実際に小売業者であると聞いています。また、当該組織のビジネスは、法的にいわゆるマルチ商法に該当しないものと認識しています。

もっとも、コンプライアンスの徹底を図る必要があるとの立場から、当該組織の方々は、特商法におけるマルチ商法に対する法規制と同様の基準で不当な勧誘等をしないように自主規制していると聞いております。

したがって、当該組織は、実質的にも「脱法」はしていないと認識しています。

なお、私は、イベントにゲストで呼ばれる際は必ず「録音・録画を禁止」して頂いており、貴社が入手したと主張する動画や音声は違法に盗撮、秘密録音されたものかと存じます。

質問

組織内では、「九系列五〇人」のトップで店舗オーナーとなれる「師匠」に対し、毎日の連絡、報告を義務付けているとの証言があります。末端会員から、「シェアハウスへの入居や転職を勧められた」との証言も得ています。このようなことを組織として推奨していますか。また長期間のセミナーや師匠との交流を通じ、洗脳状態に陥ったという証言に対し、反論はありますか。

回答

私が当該組織の運営に直接関わっているわけではなく、詳細はわかりませんが、私の把握している限りで回答します。

シェアハウスへの入居や転職を任意で行うことはあり得ると思いますが、組織として推奨はしていないものと思います。

また、参加者がセミナーや交流を通じてよい意味で感化されることがあるとしても、組織としてはあくまでも各自の自己決定権を尊重しているはずなので、最終的に商品を購入するかどうか、あるいは自分もビジネスに参加するかどうかは任意で行われているはずです。

「洗脳」というと各自の判断能力が失われている状態を指すと思われますが、そのような状態は望ましくないので、そのようにならないように注意しているはずです。組織としては、「ビジネスをやる自由」と同様に「ビジネスをやめる自由」も尊重する必要があると思います。

質問

組織の末端会員は、街中で不特定多数に近づき連絡先を交換（組織内では「友達作り」と呼ばれています）する会員勧誘に励んでいます。会員を増やすことで、末端会員は師匠になれるのでしょうか。会員数などの基準があれば教えて下さい。二〇一八年以降、末端会員が基準を達成し、師匠になった例は何件ありますか。また師匠は、必ず株式会社Bの商品を扱わなければいけないのでしょうか。

回答

当該組織の基準や運用上の数字については、私は関与していないので、わかりません。

ただ、二〇一八年以降で、私が大事にしてきたコラボレート・チームビルディングを実践し、事業を立ち上げた方は何人も知っています。その中には株式会社Bの商品を扱うお店を出した方もいますし、違う事業を立ち上げた方もいます。

質問

組織を離脱した人や、組織について注意を呼び掛けている人のSNS（ネット交流サービス）を監視し、執念深い書き込みで攻撃していると複数の関係者が証言しています。組織のほか、株式会社BやW株式会社のインターネット上の評判について、組織として対応していますか。

回答

ご指摘の組織が、ご指摘のように組織を離脱した人や注意を呼び掛けている人のSNSを監視し、執拗な書き込みで攻撃するような対応をしているとは認識していません。

もっとも、現に私やWに対しても中傷や盗撮、果ては殺害予告まで、悪質な中傷による書き込みは後を絶ちません。

Wは、私だけでなく、関わった多くのコラボレーターやスタッフのものでもありますので、彼らやお世話になっている御取引先様にもいらぬ不安を与えないよう、悪質・違法な中傷に対しては、弁護士や警察とも相談しつつ必要に応じて対応してまいります。

†マルチとカルトの組み合わせ

最近では組織に関する報道も増えたが、元構成員は「自分が所属している組織ということに、気づかない人間もいるのでは」と話す。毎日新聞の報道を受け、組織を離脱したという関係者から送られてきたメールには「メンバーは本当にいい人たちばかりで、かつ同年代のメンバーは本気で起業したい、成功したいと思っている人たちばかりだった。その人たちが食い物にされている現状を辛く感じている。(毎日新聞の記事は)私が体験したことほぼ同じ内容が書かれており、雷に打たれたような衝撃が走った」と記されていた。

組織の手口や構成は複雑かつ、巧妙に成り立っている。一連のやり口からは、行政の監視を免れようとする意図をはっきりと感じる。全国会議の音声では「全員で豊かになるため努力している」といった幹部の発言も確認された。

果たしてそれは可能なのだろうか。

末端の構成員が「成功者」になることは、組織の構造上、現実的に考えて難しい。正規の連鎖販売業者であれば、ルールを守り勧誘活動をして、成功すれば、報酬が獲得できる。

組織の場合は、Ｉの会社の商品に適用される割引ポイントの付与と、組織内での評価しか得ることができない。

末端の構成員から、金銭を吸い上げている上層部の人間たちは、恐らくそのことを理解しているはずだ。気づいていないのは、今も街中やイベントで、盲目的に勧誘活動に邁進している末端の構成員だけだろう。

ある元構成員は組織をこう表現した。

「所属していた連鎖販売業者に切られたあと、上層部がこれまでと同じ恩恵を受けるため、誕生したのが事業家集団だ。組織はマルチとカルトが合わさった極めて悪質な集団である」

おわりに

組織を辞めた元構成員が、一様に口にした後悔があります。

「自分はマルチにはまらないと思っていた。気づいたときには、すべてを失っていた」組織の理念に染まり、引き返せない状況になっている。時間や金銭に限らず、家族や友人との人間関係にヒビが入った関係者もいました。

本書でも触れましたが、組織の構成員は、ごく普通の若者たちです。高学歴や大企業出身の人間も多く、一見すると、何不自由ない人生を歩んできたように思えました。言動からは悪意のかけらもなく、心の底から勧誘活動に邁進しているように思いました。

一方で、構成員にはいくつかの共通点がありました。社会経験が少ない二〇代であることや、地方出身者、職場や年収に満足していない者、学生時代に夢中になって何かに取り組んだことがあるなどです。ある関係者は、組織にだまされやすい人物の特徴について

「純粋で、人が良い人間であること」と説明しました。

私が接したNもそうでした。高学歴で地方出身。大学卒業と同時に、初めての東京での生活が始まりました。二〇代後半にSから誘いを受け、そのまま組織に加入しました。就職した企業からも転職し、勧誘活動に邁進していました。

三カ月にわたりNと接する中で、彼に情が移りました。会話の節々で、Nらの行動の不自然さを指摘し、注意を促してみました。でも、どんなにやりとりを重ねても、話はかみ合いませんでした。

結局、最後までNの真意を確認することはかないませんでした。しかしながら、Nが唯一、本音を漏らしたと思う部分があります。

それは、最後にNと新橋の居酒屋でビールを酌み交わしたときのことでした。離島出身のNは「大好きな地元に、胸を張れるくらいがんばれる自分でありたい。地元出身で、東京で働いているのは俺ぐらいだから」と悲しげにつぶやきました。

酔いで顔を赤らめ、ジョッキを傾けながら、つぶやいたNの横顔が今でも忘れられません。彼ら・彼女らは加害者であると同時に、被害者であることを思い知らされました。

いつの時代も、マルチに限らず、若者を狙った悪質商法は後を絶ちません。本書では、構成員を悪魔的に描くのではなく、私が見たまま、聞いたままをそのまま記しました。実情を伝えることで、被害の防止と同時に、構成員にも何かを伝えることができると思ったからです。

この一冊が、Nの手元に届くことを切に願います。そして、いつの日か、組織から抜け出したNと一緒に酒を酌み交わし、当時を笑い話にできればと思っています。

小鍜治孝志

ちくま新書
1698

ルポ 脱法《だっぽう》マルチ

二〇二二年一二月一〇日 第一刷発行

著者 小鍜治孝志（こかじ・たかし）
発行者 喜入冬子
発行所 株式会社 筑摩書房
東京都台東区蔵前二-五-三 郵便番号一一一-八七五五
電話番号〇三-五六八七-二六〇一（代表）
装幀者 間村俊一
印刷・製本 三松堂印刷 株式会社

ISBN978-4-480-07524-6 C0236

ちくま新書

1695
ルポ 動物園
佐々木央
「15年間の取材、750回の連載執筆で見えたもの」。共同通信の記者が全国をまわって考えた、動物園・水族館の過去、現在、そして未来。

1691
ルポ 特殊詐欺
田崎基
強盗まがいの凶行で数百万円騙し取る。「家族を殺すぞ」と脅され犯行から抜け出せない。少年から高齢者まで全世代が警戒すべき、今最も身近で凶悪な犯罪のリアル。

1686
聞く技術 聞いてもらう技術
東畑開人
「聞かれることで、ひとは変わる」。人気カウンセラーが教える、コミュニケーションの基本にして奥義。読んですぐに実践できる、革新的な一冊。

1684
アスリート盗撮
共同通信運動部編
「スポーツ界が、声を上げた」。長年問題視されながら、有効な対策の打てなかったアスリートの盗撮。社会を動かした調査報道「性的画像問題」が、この一冊に。

1677
日本の中絶
塚原久美
10人にひとりが経験者といわれる中絶。経口中絶薬の承認から配偶者同意要件まで、中絶問題の研究家が、日本における中絶の問題点と展望を示す。

1668
国際報道を問いなおす
――ウクライナ戦争とメディアの使命
杉田弘毅
メディアはウクライナ戦争の非情な現実とその背景を伝え切れたか。日本の国際報道が抱えるジレンマを指摘し、激変する世界において果たすべき役割を考える。

1661
リスクを考える
――「専門家まかせ」からの脱却
吉川肇子
なぜ危機を伝える言葉は人々に響かず、平静を呼びかけるメッセージがかえって混乱を招くのか。コミュニケーションの視点からリスクと共に生きるすべを提示する。

ちくま新書

1660
建築家の解体
松村淳
「スター建築家」から「顔の見える専門家」へ――。安藤忠雄、隈研吾、谷尻誠……「建築社会学」を探究する社会学者が、来たるべき建築家の職業像を示す。

1656
臨床心理学小史
サトウタツヤ
「過去は長いが、歴史は短い」。フロイトからマインドフルネスまで、臨床心理学の歴史と展開の百数十年を概観し、現代の心理実践を考えるための一冊。

1654
裏横浜
――グレーな世界とその痕跡
八木澤高明
オシャレで洗練され都会的なイメージがある横浜。しかし、その背景には猥雑で混沌とした一面がある。欲望、野心、下心の吹き溜まりだった街の過去をさらけ出す。

1650
辺野古入門
熊本博之
なぜ、ここに新しい基地が――? 20年にわたるフィールドワークをもとに、社会学者が、辺野古の歴史と現在を描き出す。親愛にみちた、沖縄入門。

1649
ルポ 女性用風俗
菅野久美子
「買う女」たち、「買われる男」たち、そして店の経営者への取材を通して、多種多様な欲望や風俗に通う動機、社会的背景を探る。巻末に宮台真司との対談を附す。

1640
日本水商売協会
――コロナ禍の「夜の街」を支えて
甲賀香織
新型コロナウイルス感染症の震源地として名指しされた「夜の街」。差別的扱いの実態から成長産業としての魅力まで、業界団体代表が業界の全体像を描く。

1639
パンデミック監視社会
デイヴィッド・ライアン
松本剛史訳
新型コロナウイルスのパンデミックは監視技術の世界的大流行でもあった。加速する監視資本主義とデータ主義は社会をどう変えるのか。世界的権威による緊急発言。

ちくま新書

1632
ニュースの数字をどう読むか
——統計にだまされないための22章

トム・チヴァース
デイヴィッド・チヴァース
北澤京子訳

ニュースに出てくる統計の数字にはさまざまな裏がある、前提がある。簡単に信じてはいけません。数字にだまされないノウハウを具体例をあげてわかりやすく伝授。

1629
ふしぎな日本人
——外国人に理解されないのはなぜか

ピーター・バラカン
塚谷泰生

日本の集団主義の起源は、コメづくりにあった。日本人を知り尽くすバラカン氏と、ヨーロッパで活躍する実業家・塚谷氏が、日本独特の文化を縦横無尽に語り合う。

1625
政策起業家
——「普通のあなた」が社会のルールを変える方法

駒崎弘樹

「フローレンスの病児保育」「おうち保育園」「障害児保育園ヘレン」等を作ってきた著者の、涙と笑いの闘いの記録。政治家や官僚でなくてもルールを変えられる！

1623
地方メディアの逆襲

松本創

東京に集中する大手メディアには見過ごされがちな問題を丹念に取材する地方紙、地方テレビ局。彼らはいかに現場と読者に向き合っているのか。当事者の声を届ける。

1622
グローバリゼーション
——移動から現代を読みとく

伊豫谷登士翁

ヒト、モノ、カネが国境を越えて行き交う現代世界で、なぜ自国第一主義や排外主義が台頭するのか。グローバル化の根本原理を明らかにし、その逆説を解きほぐす。

1621
ひきこもりの真実
——就労より自立より大切なこと

林恭子

「家族と同居する中年男性」ばかりじゃない！ 8050問題の陰に隠れた、女性や性的少数者、困窮の実態に迫る。そして、家族や支援者に伝えたい本音とは——。

1620
東京五輪の大罪
——政府・電通・メディア・IOC

本間龍

2021年猛暑のなか、多くの疑惑と世界的パンデミックでも強行された東京五輪。そこで明らかになった利益優先、政治利用、世論誘導やメディア支配の全貌とは。

1614
アーバニスト
――魅力ある都市の創生者たち
中島直人
一般社団法人アーバニスト

アーバニスト＝ある専門性を持った都市生活者こそが、今後の魅力ある都市づくりの鍵を握っている。概念の成立と変遷を歴史的に追いかけ、その現代像を描写する。

1612
格差という虚構
小坂井敏晶

学校は格差再生産装置であり、遺伝・環境論争は階級闘争だ。近代が平等を掲げる裏には何が隠されているのか。格差論の誤解を撃ち、真の問いを突きつける。

1611
「ひきこもり」から考える
――〈聴く〉から始める支援論
石川良子

葛藤を言葉にできない「語れなさ」を抱えて立ちすくむ「ひきこもり」。その支援の本質は当事者の声を〈聴く〉ことにある。読むとなぜかホッとする支援論。

1602
地域学入門
山下祐介

近代化で見えなくなった地域の実像を、生態、社会、文化、歴史の側面からとらえ直す。限界集落や地方消滅問題に挑んできた気鋭の社会学者による地域学のすすめ。

1588
環境社会学入門
――持続可能な未来をつくる
長谷川公一

環境社会学とはどんな学問か。第一人者がみずからの研究史を振り返りつつ、その魅力と可能性を説き明かす。環境問題に関心をもつすべての人のための導きの書。

1586
すべてはタモリ、たけし、さんまから始まった
太田省一

つねに圧倒的存在であり続けた「お笑いビッグ3」。その軌跡を辿りながら、漫才ブームから「第7世代」の台頭まで、「お笑い」の変遷を描き切った圧巻の40年史！

1582
バイアスとは何か
藤田政博

事実や自己、他者をゆがんだかたちで認知する現象、バイアス。それはなぜ起こるのか？　日常のさまざまな場面で生じるバイアスを紹介し、その緩和策を提示する。

ちくま新書

1577
香港危機の700日 全記録
益満雄一郎

大規模な抗議デモに発展した香港の民主化運動。中国共産党は「国家安全法」を導入し、香港は「沈黙の街」と化した。その過程を鮮烈な筆致で描いたドキュメント！

1573
日本の農村
――農村社会学に見る東西南北
細谷昂

二十世紀初頭以来の農村社会学者の記録から、日本各地域の農村のあり方、家と村の歴史を再構成する。日本人が忘れ去ってしまいそうな列島の農村の原風景を探る。

1562
性風俗サバイバル
――夜の世界の緊急事態
坂爪真吾

デリヘル、ソープなど業態を問わず危機に直面した性風俗。世間からは煙たがられ、客足は遠のき、公助も望めない中、いかにしのぎ切ったのか、渾身のドキュメント。

1558
介助の仕事
――街で暮らす／を支える
立岩真也

大勢の人が介助を必要としていてもその担い手がいない。どうすればいいのか。介助の仕事のあり方から制度のことまで、利用者にとっても大事なことを語り尽くす。

1553
アメリカを動かす宗教ナショナリズム
松本佐保

アメリカの人口の3分の1を占める「福音派」とは何か？政治、経済、外交にまで影響を与える宗教ロビーの役割を解説。バイデン新大統領誕生の秘密にも迫る。

1547
ひとはなぜ「認められたい」のか
――承認不安を生きる知恵
山竹伸二

ひとはなぜ「認められないかもしれない」という不安を募らせるのか。承認欲求を認め、そこから自由に生きる心のあり方と、社会における相互ケアの可能性を考える。

1540
飯舘村からの挑戦
――自然との共生をめざして
田尾陽一

コロナ禍の今こそ、自然と共生する暮らしが必要だ。福島県飯舘村の農民と協働し、ボランティアと研究者を結集してふくしま再生の活動をしてきた著者の活動記録。